La part du diable

Christophe Dubois
Marie-Christine Tabet

La part du diable

Le pacte secret entre Lafarge et Daech

Stock

Maquette de couverture : Michael Prigent

ISBN : 978-2-234-09445-1

« Deux choses remplissent le cœur d'une admiration et d'une vénération toujours nouvelles et toujours croissantes, à mesure que la réflexion s'y attache et s'y applique : le ciel étoilé au-dessus de moi et la loi morale en moi »

Emmanuel Kant, *Critique de la raison pratique*

À Françoise.

Sommaire

Partie II
Les fantômes de Jalabiya

Partie III
Le jugement dernier

Glossaire

Après le déclenchement de la guerre civile en Syrie en 2011, l'usine Lafarge se retrouve au cœur de combats entre différents groupes armés :

ASL : Armée syrienne libre. Rassemblement de groupes rebelles formé en juillet 2011 opposé au régime de Bachar al-Assad.

YPG : unités de protection du peuple. Force militaire kurde, bras armé du PYD, parti de l'Union démocratique, proche du PKK (en Turquie).

Jabhat al-Nosra ou Front al-Nosra : ce groupe (rattaché à Al-Qaïda) est une émanation de l'État islamique d'Irak, dirigé par l'émir Abou Bakr al-Baghdadi. Il s'implante en Syrie dès 2012 et refuse en 2013 la fusion pour former l'État islamique en Irak et au Levant (EIIL). L'un de ses fondateurs, Abou Mohammed al-Joulani, se fera connaître comme étant le principal dirigeant du mouvement « HTC (Hayat Tahrir al-Cham) » qui renverse Bachar al-Assad en décembre 2024.

EIIL : État islamique en Irak et au Levant. Aussi désigné par son acronyme anglais, ISIS, ou son acronyme arabe, Daech. Ce groupe est entré officiellement dans le conflit syrien en avril 2013 et est devenu État islamique le 26 juin 2014.

Avertissement

Dans l'attente de leur jugement, les personnages cités dans cet ouvrage sont présumés innocents.

Avant-propos

Il y a des moments où les histoires percutent l'Histoire. Celle racontée dans ce livre a démarré en Syrie en 2011 au moment où la guerre civile éclate entre opposants et partisans de Bachar al-Assad. Fin 2024, le dictateur syrien tombe aussi soudainement que beaucoup l'avaient prédit… il y a plus de dix ans. Barbes raccourcies et costumes-cravate à la place des treillis militaires, les nouveaux maîtres du pays, malgré une apparence respectable, portent l'héritage des entités classées comme terroristes par les États-Unis en tant qu'émanation d'Al-Qaïda. À l'époque où se déroulent les faits qui nous intéressent, ils voulaient – comme Daech – mener le djihad au milieu du désert syrien, aux confins de l'Irak et de la Turquie. Les protagonistes de notre récit se sont retrouvés dans leur zone d'intérêt. Ces cadres dirigeants ont commis l'erreur, et peut-être la faute, de penser que le business pouvait continuer même si derrière les portes de leur cimenterie, la terreur s'installait un peu plus chaque jour. Quitte à payer. En attendant la chute du docteur Bachar.

Où se situe notre responsabilité individuelle dans des drames que nous n'avons ni provoqués ni souhaités ? L'affaire Lafarge a cela de passionnant qu'elle pose cette question universelle. Comment des hommes pétris de morale judéo-chrétienne ont-ils nourri le monstre islamiste ? Après un parcours professionnel exemplaire, ils ont été pris dans un engrenage infernal qui leur vaut aujourd'hui une accusation infamante. Dans leur ordonnance, les juges qui renvoient ces cadres devant le tribunal correctionnel prennent le soin de souligner qu'il n'y a jamais eu chez eux un semblant d'adhésion à l'idéologie djihadiste. Mais les faits sont là. Têtus. Implacables. Il y a mille raisons pour comprendre, si ce n'est justifier leur aveuglement. L'environnement d'un groupe qui ne peut avoir tort, tant il portait haut depuis près de deux cents ans les valeurs du catholicisme social, l'homme au centre de tout. La culture maison du centralisme bonapartiste mâtinée chez certains d'un goût pour la discipline militaire. Le chef a toujours raison. Des dirigeants ignorant le monde qui les entoure à la tête d'une multinationale de 70 000 personnes répartis sur cinq continents. Voilà pour les arguments de la défense. Sans compter les lâchetés et les ambitions intimes qui sont bien autre chose que la cupidité.

À côté des erreurs de chacun, il y a celle du collectif Lafarge, que la justice reconnaît comme la personne morale, poursuivie pour complicité de crimes contre l'humanité. Cet ensemble concret et abstrait, composé de salariés, d'usines, de ciment, de granulats… de savoir-faire, mais aussi de *cash-flow*, de résultats, d'actions et, bien sûr, d'actionnaires. Lafarge SA, aujourd'hui propriété du géant européen de la construction Holcim, n'est plus qu'une coquille vide dont la seule raison d'exister est les échéances judiciaires qui l'attendent. Entre 2014 et 2021, un des derniers géants industriels français a tout simplement disparu. Un naufrage national, masqué par les retentissements médiatiques de l'affaire syrienne. Un scandale qui en cache un autre. Le tableau pitoyable d'investisseurs prétendant faire cracher les bénéfices plus sûrement que le ciment.

Ce livre est aussi une plongée dans une enquête hors norme, entre Paris, Damas, Le Caire et Dubaï, où la France s'est fait doubler à la vitesse d'un vol transatlantique par les Américains, qui ont obtenu que Lafarge plaide coupable et paie une sanction de 778 millions de dollars. Pour certains, du pragmatisme, pour d'autres, du cynisme. Le dossier judiciaire instruit à Paris est un condensé de technicité (tracer les flux financiers, examiner des centaines de milliers de documents…), mais aussi de trajectoires humaines : on y croise des enquêteurs tenaces, maniant des logiciels d'un autre âge, des magistrats sous tension, des avocats engagés dont on découvre qu'ils sont un peu plus que de simples conseils. Le scandale Lafarge, ce sont aussi des agents secrets surnommés « Gros Marmotte », démunis face à l'Orient compliqué, réduits à exploiter les renseignements fournis par une usine devenue littéralement un nid d'espions. Le scandale Lafarge est une histoire moderne, la nôtre, avec le départ des premiers djihadistes français à destination du califat, qui raconte une dérive, un système, une époque dont les auteurs ont respecté la chronologie. Le monde d'avant les attentats de 2015.

Par un raccourci saisissant, le nouvel homme fort de la Syrie, Ahmed Al-Charaa, que la diplomatie européenne rencontre désormais officiellement à Damas au nom de la realpolitik, est cité à deux reprises dans l'ordonnance de renvoi des juges anti-terroristes qui ont eu à enquêter sur l'affaire Lafarge. Il y est présenté sous son nom de guerre Abou Mohammed al-Joulani, leader de Jabhat al-Nosra (ou Front al-Nosra), envoyé d'Irak en Syrie dès 2011 pour mener le djihad contre le régime syrien et dont l'une des « signatures » était l'organisation d'attentats suicides.

Voici le récit du pacte « diabolique » qui a fait sombrer un fleuron national. Coulé dans le béton.

Prologue

Je ne suis plus qu'une carcasse morte, désarticulée. Un géant de métal et de ferraille rouillée et immobile. Dans mes veines métalliques, le ciment ne coule plus. Mon cœur est à l'arrêt. Coma dépassé. Vu de l'extérieur, çà et là, des traces de brûlures, de la rage des hommes qui m'ont mutilée. À l'intérieur, je suis brisée. Trop d'épreuves, trop de violence.

Je suis la cimenterie Lafarge, qui se dresse encore péniblement au milieu de nulle part, à 160 kilomètres au nord-est d'Alep, dans la ville de Jalabiya, en Syrie, non loin de la frontière turque. La guerre civile syrienne, les conflits entre groupes armés, l'arrivée des djihadistes, les bombardements de la coalition, j'ai tout connu. Tout vu. Loin de la Syrie, depuis Paris et Zurich, siège de ma maison mère, je n'étais qu'un pion, une nouvelle implantation pleine de promesses. Mes concepteurs, de Damas à Paris, ont voulu me maintenir en vie. À tout prix. Je suis aujourd'hui au cœur d'une enquête pour « financement du terrorisme » et « crimes contre l'humanité ». Une infamie. J'ai entraîné dans ma chute une entreprise centenaire, leader mondial du ciment.

En Syrie, j'incarnais pourtant le renouveau, l'espoir des marchés « émergents ». L'aventure a tourné au cauchemar. Ils sont huit à devoir répondre devant la justice française de ces sombres arrangements. Des hommes « ordinaires » qui attendent d'être jugés. Des cols blancs, la fine fleur de l'industrie nationale, polytechniciens, ingénieurs, managers de haut vol. Ils appartiennent à l'élite économique du pays, en fréquentent les cercles et sont familiers des allées du pouvoir. Du numéro 1 de Lafarge aux responsables de la zone syrienne, en passant par des intermédiaires sulfureux. Ils étaient fiers d'un héritage presque bicentenaire, d'un capitalisme forgé dans le catholicisme social. La société vantait jusqu'alors une certaine éthique des valeurs de « courage », d'« humanisme » et de « transparence ». Quelle folie l'a amenée à prendre ce chemin obscur ? À quel moment la machine s'est-elle emballée ? Pourquoi ?

Tout avait bien commencé, il y a plus de dix ans. Une éternité.

**

15 octobre 2010. « *Welcome to* Lafarge Cement Syria », annonce le panneau à l'entrée où j'accueille les visiteurs. Autour de moi, le désert et une large bande d'herbe verte. Insolite dans ce paysage décapé et jauni par le soleil. Avec mes silos flambant neufs, dont l'un culmine à plus de 100 mètres, j'ai fière allure. Aujourd'hui, je suis le centre de toutes les attentions. La presse est invitée pour mon inauguration. Après avoir atterri à Alep, les journalistes – essentiellement syriens – sont montés dans un bus pour trois heures de route. Ils sont passés par Manbij, une jolie ville de 100 000 habitants, puis ont traversé l'Euphrate avant de cheminer au milieu des carrières de roches calcaires qui fournissent ma matière première. Une fois que celle-ci est mélangée à de l'argile, l'ensemble produit du ciment.

Je suis un beau bébé pesant 700 millions d'euros, 14 500 tonnes d'acier, 1 600 tonnes de matériel électrique sur 13 000 mètres carrés. J'ai une capacité de production de 7 500 tonnes par jour : à moi seule, je suis deux fois plus grosse que la plus importante usine Lafarge en France. Mon objectif est de produire un tiers du ciment vendu en Syrie. Jusqu'à présent, le pays devait en importer pour satisfaire sa demande intérieure. Les reporters entourent trois VIP : Bruno Lafont, le PDG de

Lafarge, Éric Chevallier, ambassadeur de France en Syrie, et Firas Tlass, riche homme d'affaires syrien, intermédiaire entre le cimentier et le gouvernement de Bachar al-Assad. Sur la photo, seul Lafont ne porte pas la chasuble jaune de sécurité et le casque blanc de protection. Un subtil résumé de ce que représente cette aventure. Du business, de la politique et de la diplomatie. Je suis là pour produire du béton (trois millions de tonnes par an), mais surtout du profit. Je symbolise la France conquérante qui remet le pied en Syrie après des années d'absence et de crise politique entre Paris et Damas.

Entre deux cigarillos dont il ne se sépare jamais, Bruno Lafont, le « roi du ciment » comme l'appelle la presse locale, homme de peu de mots, m'a fait l'honneur d'être venu à quatre reprises en Syrie. Pour lui, le projet est vital. Je suis le produit de la plus grosse acquisition de Lafarge depuis la fondation de la maison au Teil, en Ardèche, en 1833. Le milliardaire canadien Paul Desmarais, l'un des principaux actionnaires de Lafarge, a lui aussi fait le déplacement en jet privé pour me voir. Apparemment, il ignorait qu'il y avait une frontière commune entre la Syrie et l'Irak. Pour ces hommes d'affaires, la géographie se résume à des volumes de production. Je représente un modèle performant, une vitrine technologique. Je suis née sous l'ère d'Orascom, un groupe de construction égyptien implanté en Syrie et que Lafarge a racheté en 2007. La mariée est belle, mais a coûté cher. Douze milliards d'euros au total[1] ! Bruno Lafont et les actionnaires ont parié sur le développement du marché du béton dans les pays émergents. Dans ces régions instables et en devenir, il faut en construire, des routes, des immeubles, des infrastructures ! Orascom, déjà leader en Égypte, Algérie, Émirats arabes unis, Irak..., paraissait être le partenaire idéal. Bruno Lafont déclare devant la presse : « Cette usine démontre la confiance de Lafarge dans le gouvernement syrien et dans le marché syrien, qui est en train de croître rapidement. » À ses côtés, l'ambassadeur, Éric Chevallier, un bébé Kouchner – ex-ministre des Affaires étrangères[2] –, spécialiste des crises et des conflits, en poste à Damas depuis un an, abonde : « Ce projet démontre que les relations changent profondément entre les deux pays dans de nombreux domaines, particulièrement en économie. »

1. Calcul du coût d'acquisition réalisé par l'un des anciens patrons de l'audit du groupe, dans son livre *La Chute de Lafarge*, édité à compte d'auteur le 1er juin 2020, à Villeneuve-lès-Avignon. Six milliards payés en cash, 2,8 milliards en actions, reprise des dettes inscrites au bilan d'Orascom pour un montant de 1,4 milliard, investissements correspondant au programme.

2. Bernard Kouchner a été ministre des Affaires étrangères du 18 mai 2007 au 13 novembre 2010.

Après des années de brouille, le gouvernement français s'est rapproché de Damas. Éric Chevallier en est l'un des bras armés sur le terrain diplomatique. Le président syrien, Bachar al-Assad, qui dirige d'une main de fer le pays et n'hésite pas à réprimer durement les opposants, est redevenu un homme fréquentable. Son portrait figure d'ailleurs un peu partout dans l'usine, en grand format dans l'entrée. Rien ne se fait ici sans l'accord du dictateur et de sa garde rapprochée. Il vaut mieux se conformer au protocole. Jacques Chirac s'était fâché durablement avec les Syriens (notamment à la suite de l'assassinat de son ami l'ancien Premier ministre libanais, Rafic Hariri, à Beyrouth, le 14 février 2005, dans lequel les services syriens seraient impliqués), Nicolas Sarkozy s'est rabiboché. Au nom de la realpolitik. Parler aux ennemis d'hier pour renforcer la position de la France au Moyen-Orient. Le 14 juillet 2008, à Paris, le président syrien figurait en bonne place à la tribune du traditionnel défilé militaire des Champs-Élysées, au milieu de quarante chefs d'État. La poignée de main entre Al-Assad et Sarkozy a fait grincer des dents parmi les associations des droits de l'Homme. Trois mois plus tard, le 3 septembre 2008, Sarkozy est à son tour reçu en grande pompe. Depuis 2002, aucun président français n'avait foulé le sol du palais présidentiel syrien. Homme de rupture, Sarkozy fait le pari de s'appuyer sans état d'âme sur la Syrie indésirable pour négocier la paix dans la région et faire des affaires. Un véritable coup de foudre. En deux ans, Nicolas Sarkozy et Bachar al-Assad se rencontrent cinq fois !

L'objectif est aussi de resserrer les liens économiques entre les deux États, renforcer la position du groupe pétrolier Total (qui possède déjà une raffinerie dans le pays) et de quelques autres fleurons français, dont je fais partie. En février 2010, François Fillon, Premier ministre, a pris à son tour le chemin de Damas pour mettre la dernière main aux accords économiques. Un an plus tard, il y est retourné avec une délégation de Lafarge dans ses bagages. L'Agence française de développement, nouvellement installée dans la capitale, a octroyé un prêt de 30 millions de dollars pour me faire sortir de terre. Je suis le fruit de ce réchauffement. À moi, le nouvel Eldorado. Celui de l'or gris au milieu des plaines rocailleuses ocre.

Rien n'aurait été réalisable sans le troisième homme, Firas Tlass. En rachetant le groupe égyptien, Lafarge a hérité de son usine, mais aussi de son réseau sur place. Moustache fine, français fluide, visage avenant, Firas Tlass incarne la rondeur moyen-orientale. Du bagout, de l'entregent. Avec lui, tout paraît possible, parfois… confusément. « Quelqu'un de chaleureux dont il convient de se méfier en permanence », résume un cadre de

Lafarge. Fils de l'ancien ministre de la Défense[1] de Hafez al-Assad, le père de Bachar, il est aussi le frère de Manaf Tlass, général chargé de la garde présidentielle. L'une des familles sunnites les plus puissantes du régime. « Les postes clés sont généralement détenus par les alaouites, le clan de la famille Assad, souligne un observateur. La famille Tlass a toujours été dedans et en dehors du cœur du pouvoir. » L'homme a ses entrées partout. Un ami du dictateur, un allié sûr. Nécessaire pour opérer en Syrie. Il possède surtout le sésame absolu, la licence d'exploitation qui m'a permis de sortir de terre. Il est le seul à y voir clair et à avoir des accès dans le maquis administratif syrien, où la moindre décision est soumise à une autorisation. Firas Tlass a fait fortune dans l'ombre de son père en remportant de nombreux appels d'offres en lien avec l'armée (notamment le marché des ventes de viande pour 30 000 militaires). Président du Mass Economic Group (MAS), il monnaie son réseau chèrement : détenteur de 1,33 % des actions de la filiale syrienne du groupe, Lafarge Cement Syria (LCS), dont le siège est installé à Chypre, il touche 1 % du chiffre d'affaires mensuel[2]. Firas Tlass est

1. Mustapha Tlass, père de Firas Tlass, était l'un des hommes de confiance de Hafez al-Assad.

2. Sa rémunération a été rapportée à un salaire fixe de 75 000 dollars en 2013.

l'homme de la situation, le « tampon » indispensable entre la France et la Syrie.

Il a l'habitude de voir les choses en grand. Le gala qu'il a organisé dans l'ancienne citadelle de Damas quelques mois plus tôt a rassemblé notables locaux et expatriés français. Au milieu de baraques à frites et barbes à papa évoquant la France, de magiciens et de jongleurs (!), les convives portaient des tee-shirts « I love Damascus » et « I love Paris ». Un show grandiose en honneur de l'amitié franco-syrienne et surtout de Tlass lui-même (qui l'a largement financé). On y a aperçu Éric Chevallier, l'ambassadeur de France. Tlass a la main sur tout. Le business, la sûreté, les relations avec les différentes factions de cet Orient multiconfessionnel, où cohabitent alaouites, Kurdes et sunnites. Habile, il a réussi à vendre à la presse l'idée que je suis une cimenterie « propre », non polluante. « Des centaines de millions ont été dépensés pour ça ! » jure-t-il à un journaliste. Il est prévu de planter 400 000 arbres autour de moi. Une couronne de verdure ! Royal, en pleine steppe aride.

Plus discret, Mamdouh al-Khaled, manager de l'usine, se charge de détailler aux visiteurs du jour ce que je suis sur un plan plus… technique. « Avez-vous déjà visité une usine de ciment ? » demande-t-il. Sans attendre la réponse, Mamdouh al-Khaled commence par montrer l'installation où les pierres calcaires sont concassées et cuites une première fois à très haute température – 1 400 degrés – afin de produire le clinker, principal constituant du ciment. Un deuxième passage dans les broyeurs transforme le clinker en fine poussière grise. Je dispose aussi de ma propre centrale thermique électrique de 60 mégawatts. Elle emploie quatre-vingt-dix salariés et fonctionne au charbon. Elle a été bâtie par un consortium chinois. Une main-d'œuvre bon marché. Pour les spécialistes, en Syrie, je produis le ciment CEM2BL. De couleur grise, il a la particularité d'être très maniable et résistant. Des tapis roulants acheminent le tout dans l'unité d'emballage, puis vers les camions stationnés en file indienne à l'extérieur. Je suis une installation dernier cri. Des laboratoires contrôlent en permanence les composants qui m'irriguent. Aucun risque d'erreur de fabrication. Je suis bardée d'électronique pour détecter tout incident sur la chaîne de production. Un journaliste s'étonne de ne pas voir un gramme de poussière dans l'air. « Grâce à un système de filtre », lui répond le directeur. « J'avais déjà visité une cimenterie, je peux vous dire que je n'en avais jamais vu de pareille », s'enflamme le visiteur.

Usine modèle, je suis aussi soucieuse du bien-être de ceux qui me font vivre. Les employés bénéficient d'une base de vie dotée d'une cantine et de chambres plutôt confortables. En ce jour d'automne, aucune ombre au tableau. La presse relève que le chantier, qui a duré deux ans, s'est déroulé sans le moindre incident majeur. Pas de morts, pas de blessés graves. Je suis le poumon économique de la région. Mon propriétaire précédent n'a pas eu le choix de l'emplacement ; il lui a été imposé par l'administration syrienne, « au milieu de nulle part », dans une région majoritairement kurde : il répond davantage à un critère d'aménagement du territoire qu'à une rationalité économique. Lafarge aurait préféré un site plus proche de Damas. Autour de moi, il n'y a rien. Pas un hôpital, pas une école. Il n'a pas été simple de trouver des compétences locales pour me faire fonctionner. La plupart des employés ont été recrutés dans d'autres zones ou à l'étranger. L'effectif se monte à 250 personnes, avec les sous-traitants, cela représente 1 000 emplois, ce qui ne fait pas moins de 5 000 personnes qui vivent grâce à moi.

Bruno Pescheux, directeur de LCS, la filiale « pays », le vrai patron ici, se félicite de la rentabilité du projet : « Une croissance annuelle de 5 à 10 % est attendue, bien mieux que dans d'autres pays. » Le *media tour* reprend le chemin d'Alep. Mes broyeurs qui transforment le clinker en béton tournent à plein régime. Vingt-quatre heures sur vingt-quatre. Leur ronronnement est régulier. Les *boss* sont contents. Les premiers sacs de ciment siglés Lafarge sortent de l'usine. Comme les portraits de Bachar, impossible de rater la règle numéro 1 à respecter dans le site : « La sécurité est une priorité » (« *Safety comes first* »). Des panneaux autour de l'usine énoncent une autre devise : « Rien n'est plus digne que vous. » À l'issue de ce voyage de presse, une inauguration officielle – avec toutes les huiles du pays cette fois-ci – est prévue dans les premiers mois de 2011. Elle n'aura jamais lieu. Pour cause de guerre civile.

Partie I

L'usine de Daech

1

Panique à bord

Amarrée au port de Suffren, la péniche blanc et bleu de la Marine offre une vue imprenable sur la tour Eiffel. Elle ne ressemble pas aux autres embarcations luxueuses ou branchées qui bordent la Seine, et conserve le cachet désuet d'un cercle de province. Entre musique, planches à grignoter et rosé, le lieu est propice à la détente. Le 18 septembre 2014, dans la soirée, une trentaine de responsables sûreté de Lafarge se retrouvent autour d'un dîner-cocktail pour clore un séminaire de trois jours qui s'est déroulé à Lyon et à Paris. Au menu des discussions : la politique générale du groupe, l'étude d'une « crise de management en Algérie », des cas de « fraudes au Kenya »... Sur le pont du bateau, d'un participant à l'autre, on parcourt la planète et son lot de menaces : le responsable du Nigeria a déjà subi plusieurs attaques du mouvement djihadiste Boko Haram ; celui en place en Irak a dû évacuer son usine après une offensive de Daech ; l'homme chargé du Brésil se plaint des gangs criminels qui pillent le matériel et s'entre-tuent sur les chantiers, mettant la vie des vigiles en danger. Dans la foule bruyante et joyeuse, un des cadres du groupe affiche une mine sombre.

Ahmad Al Jaloudi, qui veille, lui, sur la sécurité de la cimenterie de Jalabiya, au nord de la Syrie, depuis octobre 2013, a reçu ces derniers jours des messages inquiétants. Selon le manager de l'usine, Hassan al-Saleh[1], un Syrien avec lequel il est en contact permanent, le groupe État islamique a lancé une offensive dans cette région contre les forces kurdes. Daech se rapproche : les islamistes – après avoir conquis Mossoul (Irak) en juin – étendent leur califat et ont installé leur capitale politique et militaire à Raqqa, à 85 kilomètres au sud. À peine plus d'une heure de voiture du site. Ils ont également pris le contrôle de Manbij, à 30 kilomètres de la cimenterie, située sur le principal axe entre les territoires contrôlés par l'État islamique et la Turquie. Une marmite en fusion ! Les recrues de Daech, les apprentis djihadistes venus d'Europe et les marchandises de contrebande commencent à y transiter. Selon le directeur de l'usine, au dernier « pointage », les terroristes auraient fait une percée

1. Hassan al-Saleh a remplacé Mamdouh al-Khaled fin 2012.

et pris position à 5 kilomètres. Il redoute une attaque imminente.

Entre deux roulis de péniche, Ahmad Al Jaloudi s'isole avec Jean-Claude Veillard, son patron direct, le superflic maison. Que faire si l'offensive se confirme ? Comment sauver les salariés ? Les deux hommes s'apprécient : ils parlent la même langue, celle des Services avec un grand « S ». Le premier est un ex-officier du renseignement jordanien, marié, cinq enfants, qui a suivi des études en France et a été formé par les Américains ; le second, un ancien membre des commandos marine. Ils ont la même conception des questions de sécurité. Ahmad Al Jaloudi, habituellement installé en Syrie, est exceptionnellement de passage à Paris pour cause de séminaire. Il peut ainsi faire passer les messages directement à la « centrale ». Prudent par nature, Veillard, un homme au visage et à l'esprit carrés, demande des vérifications : « Tu es sûr de la personne qui t'a appelé ? » Veillard entretient des liens étroits et très réguliers avec les services français. Cela fait partie de son job, de son histoire et de son ADN. Il ne comprend pas pourquoi ils ne l'ont pas prévenu. Ses honorables amis de la DGSE – les services secrets extérieurs – avaient pourtant promis de l'informer trente-six heures avant un potentiel assaut terroriste. Al Jaloudi obtempère et rappelle le directeur, qui confirme : le bruit des balles se rapproche.

L'attaque aura probablement lieu le lendemain. Sonia Artinian, la directrice des ressources humaines de Lafarge, présente sur la péniche, est mise dans la confidence. Jean-Claude Veillard informe également le directeur général adjoint de Lafarge, en charge de cette zone géographique, Christian Herrault, mais il comprend qu'il doit se débrouiller seul.

Ahmad Al Jaloudi est particulièrement amer. Présent en Syrie depuis plusieurs mois, disposant d'un bureau au sein même de l'usine, il a informé la direction de Lafarge que l'étau se resserrait autour de l'usine quelques jours avant le séminaire parisien. Il est bien renseigné : les employés lui racontent les exactions des groupes terroristes. Il a aussi noué des contacts avec des commerçants proches de Daech. Son physique arabe lui permet de brouiller les pistes. Dès son arrivée en France, Al Jaloudi a eu l'occasion de partager ses craintes avec des responsables de Lafarge, notamment Frédéric Jolibois[1], le directeur de la filiale syrienne : « Qu'as-tu l'intention de faire par rapport à l'usine ? » « *It is a good question*[2] », aurait répondu Jolibois sans lui « donner de solution ».

1. Frédéric Jolibois a succédé à Bruno Pescheux comme dirigeant de la filiale syrienne en juillet 2014.

2. Interrogatoire de première comparution devant le juge d'instruction d'Ahmad Al Jaloudi, le 24 septembre 2021.

Veillard a lui aussi sonné l'alarme depuis des mois. Avec Al Jaloudi, ils ont même établi un plan de mise à l'abri du personnel. Des sortes de bunkers ont été aménagés dans les sous-sols de l'usine pour stocker des réserves d'eau et de nourriture. Les employés ont consigne de s'y réfugier en cas d'éventuels tirs et bombardements. L'ancien commando n'est pas favorable à une fuite « dans l'urgence » qui pourrait mettre les salariés en danger sur des routes non sûres. Trois minibus avec le logo « Lafarge » sont censés être stationnés dans l'usine pour exfiltrer le personnel une fois les voies dégagées et sécurisées. Quelques mois plus tôt, une opération quasi similaire a été menée dans une cimenterie du groupe en Irak. Un succès. Veillard et Al Jaloudi passent la nuit au téléphone avec leurs interlocuteurs en Syrie. Ils essaient de rester calmes. La Seine s'écoule lentement en reflétant les lumières de la ville.

2

L'attaque

Le lendemain matin, à 4 000 kilomètres de là, rien ne se passe comme prévu. Un air de temps suspendu. Entre calme précaire et chaos. Sur sa moto, Mohamed M., 30 ans, infirmier, peine à respirer. Derrière lui, la cimenterie Lafarge. Ce monstre de métal planté au milieu du désert. L'alerte est tombée tôt, ce matin du 19 septembre 2014. Mohamed officie depuis deux ans dans la clinique de l'usine. Il était en réunion lorsque le médecin, en repos ce jour-là, l'a appelé sur son portable : « Quitte l'usine immédiatement. Daech va attaquer d'une minute à l'autre. » Depuis plusieurs jours, les employés le savent, le pressentent. La menace d'une offensive du groupe État islamique se rapproche. La direction a décidé l'arrêt de l'usine, mais a demandé à une vingtaine de volontaires de rester sur place encore vingt-quatre heures pour surveiller le refroidissement de la turbine : « Sinon l'usine est foutue. » Pas d'inquiétude. Les managers leur ont dit : « Tout est prévu. Un bus, un plan d'évacuation. » Ce matin, pas de bus, pas de plan. Juste la panique et la débandade. L'une des rares consignes données : « Réfugiez-vous dans les tunnels techniques de l'usine, il y a des matelas, de la nourriture et de l'eau. Et attendez. Surtout pas de départ d'urgence en voiture. » Que faut-il faire alors ? Attendre quoi ? De se faire massacrer ? Aucun membre du personnel ne sait quelle consigne appliquer. Mohamed M. décide de prendre la fuite. En priant de ne pas croiser les « fous de Dieu » sur la route.

À 35 kilomètres de là, Mustapha Mahmoud, opérateur dans la centrale électrique de l'usine, doit se rendre à son travail à 10 heures. Depuis le toit de sa maison, située dans un petit village, il a constaté la veille que rien n'était comme d'habitude. Le vent mauvais qui souffle de l'ouest vers l'est. Violent. Dans la nuit, lorsqu'il tourne la tête en direction de la cimenterie, il ne voit aucune lumière. Juste une atmosphère sombre et glaciale. Mauvais présage. « Pas un homme, pas un animal[1]. » La route nationale, à 100 mètres de chez lui, d'habitude très fréquentée, est déserte. En tournant la tête vers l'est, à l'opposé, il aperçoit le

1. Entretien avec les auteurs, le 30 août 2024.

sillage des balles dans la nuit, des tirs de mortier, de roquettes. Avec le vent, il y a un décalage entre ce qu'il voit et entend. Mustapha se dit que la mort approche. Il n'a pas de voiture pour fuir, juste une moto, et ils sont neuf dans la famille. Il décide de passer la nuit sur le toit de sa maison, sans fermer l'œil. À guetter le danger. Lorsque l'aube se lève, il ne sait pas quel peut être son sort. Il choisit d'attendre.

Au même moment, dans la cimenterie, le directeur de l'usine, Hassan al-Saleh, a donné l'exemple. À sa façon. Il a pris la direction de la frontière turque très tôt le matin avec sa famille, en laissant deux talkies-walkies et une clé de voiture. Le capitaine abandonne le navire. Il vivait à proximité avec sa femme, kurde, et ses sept enfants. Il a pris peur. Selon un employé, le même directeur avait promis la veille qu'il ne partirait « jamais de l'usine » et qu'il n'y avait « aucun danger » : « Tout est sous contrôle. Ceux qui choisissent de partir en prennent la responsabilité pleine et les équipes seront échangées comme d'habitude. » Le lendemain, le directeur n'est plus là. La relève n'est pas venue. Les négociants en ciment ont, eux, évacué leur camion du parking la veille, les représentants commerciaux sont aussi rentrés chez eux. L'un des chefs encore sur place lâche à la trentaine d'employés présents qu'il a réunis : « Faites ce que vous voulez. Je ne vous attendrai pas, je m'enfuis. » Dix minutes pour partir. La peur qui suinte, l'odeur de la mort et la lâcheté des hommes. Mohamed M., l'infirmier, quitte aussitôt la réunion et se jette sur le seul moyen de locomotion disponible. La moto du collègue de l'unité médicale avec lequel il assure des rotations. Pas un regard derrière lui. Juste l'envie de sauver sa peau. Sur son deux-roues, le visage giflé par la chaleur sèche du désert, il refait le film. Pourquoi les a-t-on laissés tomber ? Pourquoi n'ont-ils pas été évacués plus tôt ?

Rapidement, il atteint les premiers villages. Pas âme qui vive. Tous les habitants sont partis. Pas une voiture. Pas même un chien qui traîne. Un silence pesant, entrecoupé des vibrations des bombes, dont le vacarme se rapproche. Derrière l'infirmier, les derniers employés de l'usine filent aussi sur la route à vive allure. Dans le même désordre. Faute de bus, de moyens mis à disposition par leur employeur, c'est le système D. Le van du chef de restaurant, un pick-up du département des achats et la voiture personnelle d'un employé. Ils sont vingt-neuf – vingt-neuf ! – à s'entasser dans trois véhicules. Un défi aux règles des lois physiques. Comment réussissent-ils tous à tenir ? La peur rapetisse tout. Même les corps. Mohamed M. est kurde, ses collègues derrière lui, des Arabes sunnites. Pour cette raison, le premier s'enfuit vers Kobané, ville située au nord, encore contrôlée par les siens. Les seconds prennent la direction de Manbij, à l'est, dans une zone où l'État islamique fait régner sa loi. Celle de la charia et des exécutions publiques. Mohamed M. ne doit pas croiser les hommes au drapeau noir. La révélation de son appartenance ethnique signerait son arrêt de mort.

Mohamed M. est terrifié. Il pense à sa famille, qu'il n'a pas vue depuis plusieurs jours. Il savait le boulot risqué. Depuis deux ans, sur la route qui mène à l'usine, certains de ses collègues ont été kidnappés, d'autres ont été la cible de snipers. Certains ont disparu. Où est l'ennemi ? Qui est-il ? Dans le chaos syrien, il est partout. Entre les forces du régime de Bachar al-Assad, les enragés de Daech, les milices sans foi ni loi, eux sont au milieu. Juste là pour produire du ciment. Le remake du *Salaire de la peur*. Correct en 2011, au lancement de la cimenterie, aujourd'hui, avec l'inflation et la dévaluation de la livre syrienne, le salaire ne vaut plus rien. À peine Mohamed a-t-il de quoi faire vivre sa famille. Tout comme les autres employés. La direction ne leur a pas laissé le choix : « Si vous ne venez pas, licenciement immédiat. » Depuis 2012, les expatriés sont rentrés chez eux. Les cadres ont été déplacés dans des zones plus sûres, Alep, Amman ou Le Caire. Seuls les Syriens restent dans l'usine. La direction les appelle l'« équipe essentielle ». Ils se considèrent de plus en plus comme des sacrifiés. Parmi eux, des manutentionnaires qui font tourner les broyeurs à ciment. Des techniciens de la centrale électrique, plus particulièrement chargés de son refroidissement en vue d'un éventuel arrêt. Ou Mohamed M., l'infirmier.

Avec le médecin, ils se sont donné rendez-vous sur la route, à une dizaine de kilomètres de l'usine. Ça y est ! Enfin, il aperçoit sa voiture. Les deux hommes se prennent dans les bras, soulagés. Bientôt, ils seront à Kobané. Pour un court répit. La ville est prise d'assaut par Daech le lendemain. Les autres fuyards, entassés dans les trois voitures, sortent, eux, de la zone tenue par les Kurdes, puis entrent dans le territoire du groupe État islamique. Ils franchissent plusieurs checkpoints, où ils sont questionnés. Sans ménagement. Le regard fiévreux, inquisiteur, des nouveaux maîtres de la région. Avec leur barbe longue, leur treillis qui arrive à la cheville et leur kalachnikov en bandoulière, ils n'ont qu'Allah à la bouche et ont la réputation d'être très susceptibles. Un mot de travers, une suspicion quelconque, peut entraîner une arrestation sur-le-champ. On les laisse passer. Le trajet jusqu'à Manbij est « fort pénible » : « Grâce à Dieu, nous arrivons sains et saufs[1]. » Avant de

1. Les citations sont issues des témoignages des employés versés au dossier judiciaire.

quitter l'usine, sur ordre du directeur, l'un des employés a pris soin de couper le circuit électrique. La direction a pensé à mettre en place un protocole pour sauvegarder l'outil de travail. Pas les hommes de l'« équipe essentielle ». Par des contacts kurdes, les salariés apprennent dans la journée que la cimenterie est assiégée par Daech quelques heures après le départ de l'infirmier et de ses collègues. Leur destin s'est joué à une heure près. Sans l'appel du médecin, ils auraient probablement perdu la vie et n'auraient pas revu leur femme et leurs enfants. À 10 heures, les « frères » du groupe État islamique[1] contactent le directeur de l'usine pour qu'il redémarre les machines. Réfugié en Turquie, celui-ci ment, prétend qu'il ne peut envoyer personne, car tout a été stoppé depuis la France et que seul le « propriétaire » peut remettre en route la centrale électrique. De rage, les djihadistes mettent le feu au réservoir de fuel. Dans la nuit, le désert est illuminé par une énorme boule de feu. Une certaine image de l'enfer.

Depuis sa maison, Mustapha Mahmoud – l'employé qui a passé la nuit sur son toit – aperçoit l'épaisse fumée noire qui s'échappe. Il a finalement décidé de ne pas prendre son poste. Bien lui en a pris. Il a préféré mettre sa femme et ses

1. Courriel du directeur envoyé à la direction de Lafarge le 29 septembre 2014.

enfants à l'abri le plus loin possible des bombardements grâce à un ami qui possède une voiture. Lors de ce périple, un obus est tombé à 10 mètres d'eux : « Nous avons eu de la chance. » De retour chez lui, il rassemble quelques affaires. Après un dernier regard vers l'usine en feu, il part rejoindre sa famille vers la Turquie, seule porte de sortie. Il passe la nuit à côté du poste-frontière avec 5 000 autres réfugiés. Dans la panique, Mustapha est parti sans eau, nourriture ou argent. Il sait qu'il ne retournera pas chez lui avant longtemps.

Au siège du groupe, Veillard et Al Jaloudi encaissent le coup. Le scénario envisagé n'a pas fonctionné. Aucune des consignes n'a été respectée. Il s'est passé exactement ce que les deux hommes redoutaient. Un départ précipité dans la plus grande confusion. Y a-t-il des morts, des blessés, des otages ? Le grand flou règne. À Paris, le sort de ces hommes ne semble pas préoccuper grand monde. Al Jaloudi repart immédiatement en Turquie pour rejoindre ensuite Manbij, partiellement occupé par l'État islamique. Il essaie de gérer la situation et d'évacuer le personnel toujours en Syrie. Un miracle. En passant des coups de fil, il a rapidement la certitude qu'aucun employé n'a été blessé : la majorité (70 %) s'est réfugiée en Turquie par ses propres moyens, les autres sont restés en Syrie. En revanche, la direction parisienne découvre que deux employés chrétiens, Philip et Johnny, ont été kidnappés par Daech la veille de l'occupation de l'usine ; ils ont été capturés dans le bus qui les emmenait vers Manbij. La consigne avait pourtant été donnée qu'aucun salarié de confession chrétienne ne continue à travailler dans la cimenterie. Un loupé de plus. Les deux hommes sont relâchés au bout de dix jours, après qu'ils se sont convertis à l'islam. Seule alternative pour échapper à une détention d'une durée... indéfinie. Les deux employés sont envoyés à Manbij pour suivre des cours de religion islamique. Bienvenue au Daechistan.

Le 19 septembre 2014, les soldats du califat s'installent dans l'usine. Le groupe terroriste diffuse aussitôt sur les réseaux sociaux une scène surréaliste. Des hommes à la barbe fournie trônent sur des pick-up au milieu des silos industriels. Une prise de guerre. Sur d'autres images, on aperçoit des camions remplis de sacs de ciment Lafarge en route pour Raqqa, le fief du groupe État islamique. L'enseigne tricolore contribue – à son corps défendant ? – ainsi à l'effort de guerre du groupe terroriste. Une alliance impensable. Les employés qui ont fui précipitamment le site connaissent dans les mois qui suivent le sort de nombreux réfugiés syriens. Exil à travers la Turquie, puis l'Europe, pour se rendre principalement en Allemagne. L'usine de Jalabiya a été leur fierté. Le signe de leur élévation sociale. On venait de loin pour travailler là. Les salaires étaient bien meilleurs que partout ailleurs, les infrastructures propres et bien entretenues. Mais la rancœur les ronge. Finalement, ils ont le sentiment d'avoir été abandonnés. Ils savent qu'ils témoigneront de ce jour funeste où l'usine a été prise d'assaut par Daech, où ils ont vu la mort de près. Du Kenya, où il est en poste depuis juillet 2014, Bruno Pescheux, l'ancien directeur de Lafarge Cement Syria, apprend le destin tragique de la cimenterie par l'un de ses collègues, qui lui transfère les images où Daech parade dans l'usine. Il ne peut réprimer une profonde tristesse, regrettant de n'être pas allé « au bout du tunnel » qu'a été son séjour en Syrie. Une sorte de vide l'envahit.

3

Un barbouze à Alep

Trois ans plus tôt.

Au nord de la Syrie, la nationale M4 sillonne le désert puis franchit l'Euphrate, où se situe, en contrebas, le tombeau de Suleiman Shah, grand-père du fondateur de l'Empire ottoman, Osman Ier. Cette sépulture, située à quelques centaines de mètres de la frontière, est la propriété de la Turquie. La route serpente ensuite à coups de longues lignes droites vers Jalabiya, où est implantée l'usine Lafarge. Deux heures trente de trajet depuis Alep, capitale économique de la Syrie, trois millions d'habitants. Dans la voiture, Bruno Pescheux, le patron de la filiale syrienne, et son invité Jean-Claude Veillard, responsable sûreté du groupe. Les deux hommes échangent peu et fixent le paysage qui défile. À l'arrivée sur le site,

Veillard note mentalement une cimenterie « magnifique, immense, neuve, bien organisée, mais peu sécurisée[1] ». Pescheux introduit son visiteur auprès du directeur de l'usine. Sa venue suscite un enthousiasme modéré. Il en a l'habitude : « La direction locale me perçoit plus comme un problème que comme une aide, écrit-il dans son journal de bord. Cela ne me surprend pas, car bien que relativement nouveau dans la fonction, j'ai déjà ressenti cette réserve de la part des organisations en place. La sûreté est perçue comme l'espion du grand patron et généralement facteur de coûts. » Il examine ensuite la cimenterie et constate que la protection du site et du personnel laisse à désirer. Le soir, Veillard dort sur place et passe la soirée en compagnie de Bruno Pescheux. L'ex-militaire, habitué aux lits Picot de l'armée, loue le confort de ces villas réservées aux cadres « comprenant une chambre, une salle de bains, un salon, un coin cuisine, le tout meublé confortablement avec la climatisation ». Le soir, dans la douceur de la nuit, sous un ciel étoilé, alors que Veillard parle des problèmes de sécurité qu'il a constatés, Pescheux l'interrompt : il entend que l'un des broyeurs – le numéro 2 – fait un bruit anormal, qu'il est « instable ». « Il faudra que j'en

1. Toutes les citations de Jean-Claude Veillard sont extraites d'une série de notes qu'il a prises après ce voyage.

parle au directeur industriel dès demain », le coupe Pescheux. Veillard est froissé de voir que ses analyses sécuritaires ne passionnent guère son interlocuteur, mais il comprend.

Les deux hommes appartiennent à des mondes différents et n'ont pas les mêmes priorités. D'un côté, l'ingénieur qui a « finalisé la construction de cet ensemble industriel » et entretient une « relation charnelle avec lui ». De l'autre, l'empêcheur de produire en rond, qui met son nez dans les affaires de l'usine qu'il ne connaît pas. Au passage, Pescheux lui assure que « par le biais de Firas Tlass », Lafarge a un « très bon réseau d'informations en lien avec les autorités locales ». La situation a l'air d'être sous contrôle. Lors de son retour, Veillard s'arrête à Manbij, ville où sont logés certains employés, en particulier les expatriés. « Situation très calme », consigne-t-il. Le lendemain, lors d'un dîner à Damas, la responsable économique de l'ambassade de France lui confie que tout devrait « rentrer dans l'ordre rapidement en Syrie ». Pas de quoi s'affoler : « Le pouvoir syrien est fort et saura reprendre en main une situation qui ne concerne pour l'instant qu'un quart sud-ouest du pays. » Veillard en a la certitude, comme nombre de diplomates : ce n'est qu'une question de temps. Bachar va capituler.

Veillard a atterri trois jours plus tôt en Syrie. Pragmatique, il veut se faire une idée de la situation du pays par lui-même. Depuis mars 2011, le « Printemps arabe » – après avoir touché la Tunisie, l'Égypte et la Libye – a gagné la Syrie. Les manifestations pacifiques, réprimées brutalement par Bachar al-Assad, se sont transformées en guerre civile. L'Armée syrienne libre (ASL) – regroupant les principaux opposants, souvent des militaires qui ont déserté l'armée régulière – veut renverser le régime. D'abord circonscrit à l'ouest du pays, le conflit est encore loin de l'usine, située au nord-est. Depuis Paris, ce soulèvement populaire est regardé d'un œil bienveillant. Bachar al-Assad, l'ami d'hier salué par Nicolas Sarkozy lors du 14 juillet 2008, est redevenu l'ennemi, l'homme à abattre. La Syrie est très isolée sur la scène mondiale (à l'exception des soutiens russe et iranien). La capitulation paraît inéluctable et rapide. Dès son départ de Paris, Veillard note : « L'avion d'Air France est bien rempli et la population des voyageurs est variée. Je n'ai pas l'impression de prendre un vol en direction d'un pays en situation d'insurrection. » Même sentiment lorsqu'il atterrit à Damas : « Aéroport bien organisé, propre et sous contrôle. » Il déambule dans la capitale syrienne pour « prendre la température », joue les touristes, photographie les monuments, notamment la célèbre place de l'Épée de Damas : « Ambiance relativement détendue », observe-t-il. Le lendemain, lorsqu'il arrive au siège de Lafarge Cement Syria, il ne relève « aucun mouvement de foule ». Bref, il ne reconnaît pas le pays à feu et à sang décrit par les médias. Les foyers rapidement éteints par le régime se propagent pourtant à bas bruit sur tout le territoire. La première étincelle a crépité au début du mois de mars à Deraa, non loin de la frontière turque. Des adolescents ont tagué des messages provocateurs quelques jours après la chute de l'Égyptien Hosni Moubarak. L'un d'eux est resté dans l'histoire : « Ton tour viendra, docteur », le surnom de Bachar al-Assad ophtalmologue de formation. Le dictateur n'apprécie guère le slogan, et les jeunes rebelles sont emprisonnés et torturés. Les parents et plus largement les habitants de la ville se mobilisent. La guerre civile a commencé. La répression aussi.

À Alep, où il poursuit son voyage, Veillard tombe sous le charme de la citadelle : « Ce sont des siècles de culture bien antérieure à l'islam qui vivent sous ces pierres. » Bruno Pescheux, le patron de Lafarge en Syrie, l'accompagne. Un homme qui a le ciment dans le sang. Un roi en son pays. Loin du siège, à 4 000 kilomètres de là, il dispose d'une assez grande autonomie. Celle de faire tourner l'usine, de la rendre le plus rentable possible, bien sûr, mais aussi de la fermer en cas de grave danger. Pescheux a passé vingt-cinq ans de sa vie chez Lafarge. L'une de ces carrières où la vie professionnelle se confond avec la vie tout court. Dans le jargon du métier, un VCC (vieux con cimentier). Son épouse, comme celle de beaucoup d'autres Lafargiens, l'a suivi dans tous ses périples. Elles se définissent comme des « femmes Lafarge ». Lui se reconnaît dans les valeurs du groupe : le « respect des autres, la loyauté, la fidélité ». Dans l'esprit de ces expatriés, construire une usine dans un pays doit avoir un sens, « promouvoir les gens, leur préparer un avenir ». Formé à l'École centrale de Paris, Pescheux a d'abord été directeur d'usine en France avant de prendre des responsabilités à l'international. Allure bonhomme, lunettes rondes, « attachant et gentil » selon ses collègues, ce pur produit maison était jusqu'alors responsable du centre technique pour l'Asie. L'attribution de ce poste en Syrie en 2009 représente une sorte de consécration. Alors qu'il avait la charge d'une fonction pour plusieurs pays, il a désormais la main sur toutes les fonctions présentes dans un seul pays. Jeune ingénieur, il a travaillé à Homs à la fin des années 1970 pour Creusot-Loire, ancienne société sidérurgique française. Il a gardé un bon souvenir de ce premier séjour syrien. Pescheux est un « soldat loyal » qui fait confiance à sa hiérarchie. Il n'est pas courant de participer à la création *ex nihilo* d'une usine. À 56 ans, c'est son « bébé ». Il sait pourquoi il est là.

Veillard, la soixantaine, n'est, lui, que de passage en Syrie. Il a à sa charge la sécurité de tous les sites Lafarge (il y en a trois mille cinq cents) dans quatre-vingt-dix pays. Recruté en 2008 pour développer la fonction sûreté (qui n'existait pas jusqu'alors chez Lafarge), il est rompu aux situations de crise. Son métier est de les résoudre. Entré à 16 ans à l'École des mousses de Brest, où les jeunes en difficulté scolaire choisissent de servir la Marine avec « honneur et fidélité », il a gravi tous les échelons de la hiérarchie militaire. D'abord matelot, puis fusilier marin, il a ensuite dirigé pendant deux ans le commando marine de Montfort. Un poste prestigieux, à responsabilités. Installée à Lorient, cette unité – l'une des sept que compte la Marine française – est spécialisée dans l'infiltration et les expéditions en milieu hostile. Veillard a servi au Liban, à Djibouti, en Bosnie… mais aussi 500 mètres sous terre, à Taverny et Villacoublay, dans les couloirs aussi secrets qu'interminables du Commandement des opérations spéciales (COS). Veillard, qui a terminé sa carrière comme capitaine de frégate, n'est pas un bavard, pas du genre à se vanter de ses faits d'armes. Il a accordé une seule interview, à Patrick Bourrat, le grand reporter de TF1, lorsqu'il était en opération en Bosnie. Plus anecdotiquement, il a participé au Raid Gauloises de 1995 en Patagonie, aux côtés de

Florence Arthaud et Philippe Jeantot. Des marins comme lui. Des durs au mal. Comme lui.

À l'issue de sa carrière, il a cherché – comme beaucoup de militaires – à se reconvertir dans le privé. L'un de ses CV atterrit sur le bureau de Pierre Mutz, alors préfet de police de Paris. Ce dernier le met en contact avec Christian Herrault, directeur adjoint du groupe Lafarge, responsable des ressources humaines, qui doit créer la fonction sûreté au sein de l'entreprise afin de veiller à la « sécurité des personnes et des biens ». Le cimentier vient de racheter le groupe égyptien Orascom, qui opère dans des pays potentiellement instables. Veillard passe avec succès les entretiens, d'autant que Christian Herrault est une sorte de « frère d'armes ». C'est du moins ainsi qu'il se considère. Après être sorti de Polytechnique en 1974, il a en effet effectué son service national au sein d'un commando marine (Trépel) à Lorient, sur la même base que Veillard. L'anecdote fait secrètement sourire ce dernier, qui n'a pas la même appréciation de leur fraternité. Il se souvient que le jeune Herrault était un bleu qui n'a pas fait le stage commando et qui portait un béret vert d'honneur. La découverte du milieu militaire est un passage obligé pour ceux qui ont fait l'École polytechnique. Veillard a le souvenir qu'Herrault n'en menait pas large à l'époque et évitait de passer par son bâtiment, celui des durs à cuire. Si l'ex-commando a le langage direct et l'esprit droit, Christian Herrault est surnommé « Monsieur Canal+ » pour sa capacité à formuler des phrases complexes, nécessitant un « décodeur ». Malgré cette différence de style, le courant passe entre les deux hommes. Ils deviennent amis et s'invitent régulièrement dans leurs maisons respectives en Bretagne. Pour le petit mousse, désormais entouré de polytechniciens et de HEC, ce poste à responsabilités au sein d'une multinationale constitue une forme d'aboutissement, de réussite sociale.

Lorsqu'il pousse pour la première fois la porte du siège de Lafarge, l'ancien béret vert se comporte comme en zone de combat. Il se considère en milieu hostile dans cet univers qu'il ne connaît pas, avance à petits pas, cherche les ouvertures. Dans cette entreprise cotée au CAC 40, il comprend vite que les ingénieurs, les financiers et les commerciaux ont plus de légitimité que lui. Néanmoins, il se sent bien dans cette maison à l'esprit bleu-blanc-rouge qui cultive les valeurs catholiques et paternalistes. Il a le privilège d'avoir son bureau au cinquième étage, le « *famous fifth floor* », celui de la direction. Certes relégué au bout d'un couloir blafard, mais il n'est pas très loin de celui de Bruno Lafont, le PDG. Pour se faire une idée de son nouveau job, Veillard continue à sillonner la planète en mode tactique.

En 2011, il se déplace en Irak en gilet pare-balles avec deux gardes du corps (où des manifestations violentes menacent le fonctionnement de l'usine), en Ouganda (où un employé a été assassiné lors d'une livraison de ciment), au Kenya, au Maroc, en Ukraine… « Sa » direction ne comprend que trois personnes (lui, son adjointe et une secrétaire) et il l'avoue lui-même : « Les sujets ne peuvent pas être traités avec la précision qu'il conviendrait d'y apporter. »

À son retour de Syrie, le « monsieur sûreté » dresse le constat que « la crise ne frappe pas encore cette partie du pays ». Néanmoins, il préconise le recrutement d'un homme chargé de la sûreté. Il choisit Jacob Waerness, un Norvégien qui finit alors une formation MBA HEC à Paris. Le trentenaire parle couramment arabe et a travaillé pour l'Agence norvégienne de sécurité de police (les services secrets). L'homme de la situation, à un détail près : blond aux yeux bleus, il ressemble plus à un surfeur australien qu'à un ombrageux espion syrien. Le courant passe entre ce jeune chasseur parachutiste (il l'a été pendant son service national) et Veillard, qui apprécie ce genre de mentions sur le CV. Dès son embauche en septembre 2011, il a fort à faire.

4

La grenouille

Au siège parisien de Lafarge, à la suite du déclenchement de la guerre civile en Syrie, une cellule de « pré-crise » est ouverte et se réunit tous les mercredis. Jean-Claude Veillard fait remonter les informations. Une fois par mois, dans une salle au premier étage, il les partage au sein du « comité sûreté » avec l'état-major du groupe. Y participent trois membres du comité exécutif, notamment le DRH, Éric Olsen[1], et le directeur général adjoint Christian Herrault. Sur des fonds de carte, Veillard déroule les événements syriens, mais aussi d'autres pays à risque : Algérie, Irak, Nigeria (où sévissent les terroristes de Boko Haram), Égypte, Jordanie, Maroc, etc. Une plongée dans la

1. Présent à toutes les réunions identifiées par les enquêteurs, soit douze sur la période 2011-2015 ; neuf mois sont manquants.

géopolitique mondiale. Veillard s'appuie sur les réseaux locaux de Lafarge (le responsable sûreté du pays interroge les camionneurs, employés, contacts...), les sources officielles de l'État (parfois très parcellaires) et les informations des experts. L'universitaire Antoine Basbous, le journaliste et politologue Antoine Sfeir, le consultant Alain Bauer... livrent leurs « analyses » (de qualité inégale) moyennant finances. Les membres du comité sûreté peuvent intervenir, poser des questions, demander une évaluation juridique. L'adjointe de Veillard prend des notes. Le « monsieur sûreté » n'a pas le sentiment de passionner son auditoire : « Ces gens-là sont très occupés. La sûreté, ça ne fait pas partie de leur logiciel. Ce qui les intéresse, c'est de savoir où en sont les ventes, la production[1]. » Cet ancien des forces spéciales agit comme un général en chef avec une poignée d'hommes, mais sans prise sur les événements et les plans de bataille : « J'amène les infos, j'aide à la décision, mais je ne la prends pas. » Le lendemain de ces réunions, il rédige un compte-rendu estampillé « Confidentiel », envoyé par mail aux membres du comité sûreté. Ils sont regroupés dans un classeur bleu. Le PDG, Bruno Lafont, exige de recevoir ce document « de la main à la main... sous enveloppe ». *Via* sa secrétaire. Pas de

1. Entretien avec les auteurs, le 22 juin 2024.

trace. L'homme est méfiant. De la Syrie, il connaît bien l'usine, qu'il a visitée à plusieurs reprises. De la situation sur place, nul ne sait vraiment son niveau d'information. Par ailleurs membre du conseil d'administration d'EDF et ArcelorMittal, c'est un homme aux journées bien remplies, occupé à penser les stratégies et l'organisation plutôt que l'opérationnel sur le terrain. Même s'il sait que son poste est particulièrement exposé : « Le risque n'est pas ce qui m'empêche de dormir aujourd'hui, mais justement ce qui ne m'empêche pas de dormir et qui pourrait nous arriver[1]. »

Depuis qu'il a pris la présidence du groupe en 2007, alors qu'il était âgé d'un peu plus de 50 ans, Bruno Lafont se distingue par ce goût du secret et de l'exercice du pouvoir en solitaire. Ce trait de caractère frappe ses collaborateurs. Jusqu'à son chauffeur, qui s'offusque régulièrement de son manque de transparence. Il se plaint aux secrétaires de ce patron taiseux et soupçonneux qui évite de parler business lorsqu'il est assis à l'arrière de la voiture. Il en va de même de ses assistantes, qui décrivent un homme travailleur et froid. Un jour, Bruno Lafont avait interrogé le DRH du groupe autour d'un déjeuner pour savoir s'il était apprécié par ses équipes et ce qu'il devait

1. Bruno Lafont, ex-PDG de Lafarge, in *Ces grandes entreprises au cœur des transformations du monde*, Taillandier, 2016.

corriger maintenant qu'il était au sommet de l'entreprise : « Ouvre-toi un peu plus, lui avait rétorqué ce dernier, et montre que tu as un cœur, cela sera déjà un bon début. » Les séances de coaching qu'il a prises consciencieusement n'ont pas suffi à l'humaniser aux yeux de ses collaborateurs. Il est vu comme un Napoléon, en raison de sa taille et de la distance qu'il instaure dans ses relations avec les autres. Le charismatique et chaleureux Bertrand Collomb, ex-PDG de Lafarge, s'est trouvé un héritier qui ne lui ressemble guère. Le polytechnicien a choisi un énarque-HEC, discret et peu empathique. Un début de polio à l'adolescence l'a endurci.

Cette nomination a beaucoup surpris en interne. Bertrand Collomb voulait créer une vraie rupture. Il a d'ailleurs beaucoup hésité à aller chercher un candidat à l'extérieur. Mais il s'est senti un devoir de puiser dans le vivier interne. Bruno Lafont[1] est entré dans le groupe en 1983 après un bref passage au ministère des Finances. Son profil personnel, catholique convaincu, convenait parfaitement à la culture maison. Une maison dont on commence à faire partie quand on y a passé quinze ans, selon les plus anciens. Il fut une époque où les chefs de service chez Lafarge recevaient la consigne du président-directeur

1. Bruno Lafont n'a pas souhaité rencontrer les auteurs.

général, Olivier Lecerf[1], de libérer les ouailles le Vendredi saint afin qu'elles puissent assister à la procession de Montmartre. Ce dernier, grand catholique, figure tutélaire de Lafarge, n'est pas étranger à l'ascension de Bruno Lafont jusqu'aux plus hautes fonctions du groupe. Henri Lafont, père de ce dernier, et Olivier Lecerf étaient amis et partageaient les mêmes convictions catholiques. Dans la famille Lafont, on ne compte plus les religieuses, les prêtres et les évêques. Deux de ses sœurs ont pris le voile. Le père, médecin, proche de la Fondation Lejeune, engagée dans la lutte contre l'avortement, faisait partie du millier de praticiens qui avaient signé en 1973 la tribune contre l'interruption volontaire de grossesse. Bruno Lafont, ancien directeur financier du groupe, incarne pour beaucoup de Lafargiens un tournant dans la gouvernance, qui après avoir été une « boîte d'ingénieurs » serait devenue une « boîte de stratèges et de financiers ».

Fin 2011, les comptes-rendus du comité sûreté, dont Lafont ne veut pas être officiellement destinataire, recensent les premiers incidents en lien avec l'usine. Le véhicule du directeur est fracassé, deux vols avec effraction sont rapportés. Le 7 décembre, un camion de ciment est « pris sous le feu » lors d'une attaque d'un poste de contrôle

1. PDG de Lafarge de 1974 à 1990.

militaire sur la route entre Homs et Alep. « Chauffeur indemne, mais camion abandonné sur place », mentionne le document. La situation se tend. Veillard propose alors d'évacuer tous les personnels étrangers et leur famille, plus particulièrement menacés. Il préconise la mise en place d'un charter à Alep *via* une société spécialisée. Prêt à décoller. Cette option – certes rare – a déjà été expérimentée avec succès en Égypte et en Algérie par Lafarge. Cependant, il y a une différence majeure : dans ces deux pays, les usines pouvaient continuer à fonctionner sans les expatriés. Pas en Syrie. Les quatre-vingt-dix employés chinois sont les seuls à avoir les capacités techniques pour faire tourner la centrale électrique. L'option du rapatriement en avion n'est pas retenue par la direction. Étonnamment, les chiffres de vente se maintiennent, eux, à un bon niveau. Le pouvoir syrien vacillant est occupé à faire la guerre ; les administrés en profitent pour faire construire – sans permis – infrastructures et maisons. Un boom du ciment pendant que le peuple s'entretue. Lafarge assure à elle seule un quart du marché.

Mais le tableau syrien continue de s'assombrir.

Le 7 février 2012, « kidnapping » (en gras dans le compte-rendu) d'un camion Lafarge et de son chauffeur. Le 22 février, deux employés pris dans une « attaque » (toujours en gras) sur un point de contrôle à l'entrée d'Alep. Les expatriés de Lafarge ont désormais l'obligation de demeurer dans l'usine pour éviter d'emprunter des axes devenus trop dangereux. Signe d'un climat déliquescent, l'ambassade de France à Damas ferme le 6 mars 2012 sur décision du président de la République. La cause : désaccord politique avec Damas et problème de sécurité (l'enceinte diplomatique a été attaquée). Le personnel ne se sent plus en sécurité. Éric Chevallier, l'ambassadeur qui était présent aux côtés de Lafont lors de l'inauguration de l'usine, met la clé de la représentation française sous la porte. Un processus rare et lourd. « Papiers brûlés dans de grandes bassines, ordinateurs cassés à coups de marteau[1] », raconte-t-il. Pour appuyer ses dires, bien faire comprendre l'enfer qu'il dit avoir vécu, l'ambassadeur précise : « C'est une vraie boucherie, c'est une vraie guerre, d'une violence inouïe. Dès 2011, j'avais pressenti cette violence, une des pires du XXIe siècle ; je voyais la radicalité du régime, à laquelle a répondu progressivement la radicalisation d'une partie des opposants. » La France n'est plus là. Drapeau en berne. À l'exception de Lafarge. Les groupes Total et Bel ont plié bagage. « Trop dangereux », ont-ils estimé. Le cimentier français n'entend pas faire ce choix, se sentant encore à l'abri dans le nord du pays.

1. Audition de témoin d'Éric Chevallier du 8 novembre 2017.

Le 5 avril 2012, le contrôleur de l'usine est « blessé » lors d'une fusillade entre forces de sécurité et rebelles. Quatre jours plus tard, le danger se rapproche encore : « fusillade » à 15 kilomètres de la cimenterie. La décision est prise de renforcer le blindage des 4×4 qui transportent le personnel. De niveau 5, ils peuvent résister à des tirs d'armes de poing (mais pas de guerre). Depuis la France, le conflit syrien paraît encore loin. L'opinion publique est sonnée par une autre actualité, les attentats de Toulouse un mois plus tôt : Mohammed Merah, franco-algérien, assassine de sang-froid sept personnes, dont trois enfants dans une école juive. À l'ombre des tours du Mirail, à Toulouse, où a grandi Merah[1], nombre de ses amis islamistes regardent avec intérêt ce qu'il se passe en Syrie et rêvent d'un grand soir djihadiste.

Autour de la cimenterie, la guerre civile entre le régime et les rebelles se complique encore avec la présence des forces kurdes, dont la « capitale » Kobané se situe à 50 kilomètres de l'usine. Le parti politique kurde syrien, PYD, est officiellement en guerre contre Bachar, sans être totalement un soutien de l'opposition. En fonction des jours, des villages, des alliances entre groupes armés, le trajet vers la cimenterie devient

1. Abattu par le Raid.

périlleux. Une peau de léopard qui ne respecte aucune règle écrite, mais des accords verbaux et mouvants. Chaque clan joue sa carte. Au péril de leur vie pour ceux qui empruntent ces routes. Les Kurdes assurent une protection « bienveillante » de l'usine sans hésiter à la racketter : ils exigent l'embauche de personnel kurde, volent des pick-up, monnaient la sécurisation des lieux… Le 24 mai, Jean-Claude Veillard, le « monsieur sûreté » du groupe, décrit – sans fard – au comité sûreté une situation en constante dégradation : « Pillage, trafic d'armes, racket, kidnapping… il n'y a pas de signe d'amélioration à attendre à moyen terme ; les risques sont permanents, réels et volatils. » L'ex-béret vert semble s'accrocher à un credo désespéré, à l'idée que le chaos peut exister autour de l'usine sans l'atteindre : « Nous ne sommes pas ciblés. Nous pouvons toujours opérer sans garantie dans la durée. » Veillard est pris dans une sorte de vertige intérieur : tout indique qu'il faut battre en retraite, organiser un repli, mais il ne le formule pas clairement. « Pas dans mes prérogatives », rumine-t-il. Tous ces messages ont pourtant l'air de dire qu'il n'y a pas d'autre option.

En juin 2012, le groupe recense un vol de camions Lafarge (restitués, pour la plupart du temps, vides après paiement d'une rançon), des menaces sur les employés alaouites (confession religieuse de la famille de Bachar al-Assad), l'apparition de checkpoints sauvages de l'armée syrienne libre (ASL) sur l'axe Manbij–Al-Bab (qui mène à la cimenterie), la mort d'un employé de la société privée qui assure la sûreté du site... Cette fois-ci, le rapport du comité sûreté est clair : « La situation devrait se dégrader dans la zone de l'usine » (*en gras*). Que se passe-t-il alors ? Toujours pas grand-chose. Ils sont pourtant une bonne dizaine de cadres dirigeants à lire ces comptes-rendus. Niveau alerte jaune pour l'usine et orange pour Damas. Le danger paraît paradoxalement plus élevé dans la capitale syrienne qu'au nord du pays. À son échelle, la cimenterie devient – malgré elle – une petite Syrie. Les employés chinois, indispensables pour faire tourner la centrale électrique, sont menacés d'enlèvement (en raison de l'alignement de la position chinoise avec les Russes, qui soutiennent le pouvoir en place). Le 15 août 2012, Nidal W., ancien RH de l'usine, licencié un jour plus tôt (il refusait de dormir dans l'usine), est kidnappé à la terrasse d'un café par cinq hommes armés se réclamant de l'Armée syrienne libre. Les ravisseurs l'accusent de soutenir le régime, d'avoir une photo de Bachar al-Assad dans son bureau, de verser de l'argent aux Kurdes... Après neuf jours de négociation, il est libéré sans paiement de rançon par Lafarge (la famille de Nidal W. a payé un million de livres syriennes). La direction est convaincue que cet enlèvement pourrait avoir été inventé par la supposée victime, soucieuse de se venger après son licenciement.

Dans ce bourbier qu'est devenue la Syrie, plus personne ne semble rien comprendre. Le 26 juillet 2012, Christian Herrault, directeur adjoint du groupe et responsable de la zone Moyen-Orient, envoie un courriel à Bruno Pescheux, son collaborateur direct, le patron du groupe en Syrie, désormais installé au Caire (Jean-Claude Veillard est en copie), pour savoir les conditions définies pour « maintenir l'activité » de la cimenterie. Herrault, « Monsieur Canal+ », conclut sa demande par une formule plus elliptique que jamais : « J'ai besoin de comprendre et d'avoir ces éléments, car je ne voudrais pas que nous soyons comme la grenouille dans la casserole qui chauffe lentement mais sûrement, grenouille qui ne saute plus. » Avec décodeur, le responsable de la zone semble craindre de s'habituer à une situation qui deviendrait lentement mais sûrement intenable, sans en mesurer l'ampleur réelle. La décision est prise cette fois-ci d'exfiltrer tous les expatriés (y compris les sous-traitants chinois, déplacés en Turquie en attendant d'y voir plus clair) et d'arrêter le broyeur ainsi que la centrale thermique. Seul le ciment déjà produit dans les silos est commercialisé. Le travail de l'usine est réduit aux tâches de maintenance. De toute façon, les ouvriers locaux ne sont pas encore suffisamment autonomes pour remplacer les étrangers.

Selon Veillard, le maintien d'un minimum d'activités permet d'éviter les pillages. Lui-même semble cependant nager dans le flou : « Nous devons comprendre comment évolue la situation dans notre zone d'intérêt », écrit-il un mois plus tard à Jacob Waerness, le « surfeur » norvégien qu'il a embauché à son retour de Syrie. Celui-ci lui répond que la situation « continue à se détériorer » et qu'il va falloir trouver des « alliances pour survivre ». Il joint à sa réponse une carte détaillée de l'usine où l'armée régulière est représentée par un cœur (!), l'Armée syrienne libre par un éclair et les Kurdes par un émoji souriant. La route vers Alep – empruntée par les employés – est constellée d'éclairs menaçants. Alors que la guerre affame la population, déstabilise l'économie, que la livre syrienne s'effondre, la cimenterie flambant neuf devient plus que jamais une source de revenus pour des racketteurs et de jeux d'influence. Une proie. Comment composer avec ces groupes armés qui ont le pouvoir de vie et de mort sur l'usine en bloquant les routes, menaçant le personnel, coupant les sources d'approvisionnement en matières premières ?

5

Speed dating à Gaziantep

Le bâtiment massif, sans charme, avec un hall immense, semble sortir d'un décor de film des années 1970. Le Tugcan, hôtel cinq étoiles, est le plus cossu de Gaziantep, ville de deux millions d'habitants au sud-est de l'Anatolie. La cité turque occupe une place stratégique. Dotée d'un aéroport, elle est un point de passage vers la frontière syrienne, située à quelques dizaines de kilomètres. Une ville où se mêlent passeurs, militants politiques en exil, trafiquants, journalistes, diplomates, travailleurs humanitaires... Un décor à la Joseph Kessel, le journaliste romancier. Le 21 septembre 2012, au bar de l'établissement, dans un salon un peu à l'écart, sous des lustres lourds et sur un fond de musique orientale, un groupe d'hommes enfoncés dans de larges fauteuils engage une discussion animée. Au milieu, Firas

Tlass, l'intermédiaire et actionnaire syrien de Lafarge à Damas[1]. À ses côtés, venu de Paris, Jean-Claude Veillard, l'homme des missions sensibles. Ainsi que Jacob Waerness, l'ancien des services secrets norvégiens, responsable de la sûreté en Syrie. Face à eux, des représentants des groupes rebelles – opposés au régime – qui seraient en passe de prendre le contrôle de la zone de l'usine (située en territoire kurde). Pour comprendre la situation, Veillard a accepté de rencontrer ces milices qui se font de plus en plus pressantes. Firas Tlass s'est chargé d'organiser le rendez-vous.

Quelques jours avant, Jean-Claude Veillard a pris le soin d'avertir ses correspondants à la DGSE. Les services de renseignement – aveugles et sourds en Syrie depuis la fermeture de l'ambassade de France à Damas, en mars 2012 – sont preneurs d'informations sur cette zone et sur ces hommes qu'ils ne connaissent pas ou peu. Pour l'heure, l'urgence est surtout de trouver une solution à l'arrêt de l'usine confrontée au conflit qui déchire le pays. Avec qui parler ? Quelle protection ? Pour quelles contreparties ? Jean-Claude Veillard a rencontré un mois plus tôt Firas Tlass, de passage à Paris. L'homme se présente alors comme le « leader de la révolution syrienne » et

1. Après deux échanges en visioconférence, Firas Tlass n'a pas répondu aux questions précises des auteurs.

assure que « les rebelles vont mener une offensive depuis l'est de la Syrie en franchissant l'Euphrate ». Veillard trouve cette théorie « surprenante », mais se dit qu'il est « intéressant de vérifier[1] ». Firas Tlass a son propre agenda politique. Cet homme d'affaires proche du régime (ses contacts au sein du clan Al-Assad ont permis de faire aboutir le projet de Jalabiya) a désormais rallié les rangs de l'opposition suivant le choix de son frère, Manaf, général de l'armée républicaine qui a fait défection en juillet 2012. Opportuniste plus qu'idéaliste, Firas Tlass se rêve (avec son frère) en futur leader de la révolution syrienne. Il fait le pari assez audacieux que l'Armée syrienne libre (ASL) va prendre totalement le contrôle de la région, pourtant en zone kurde.

Dans ce palace kitsch démarre alors une sorte de *speed dating*, sur le modèle des rendez-vous galants organisés pour nouer des relations rapides. Cinq leaders d'opposition ont pris place dans des fauteuils éloignés les uns des autres. Ici, les représentants du conseil militaire de Manbij, là, un porte-parole de l'ASL, et là, les représentants de la brigade Al-Fatah (à l'idéologie mal définie). Une fois les présentations effectuées, Tlass s'efface. Jacob Waerness, qui parle arabe, traduit à Veillard. Les discussions durent à peine quinze minutes

1. Entretien avec les auteurs, le 22 juin 2024.

pour chaque milice. Les deux hommes essaient de comprendre à qui ils ont affaire, combien « pèse leur brigade », combien d'hommes composent chacune... Ils expliquent que Lafarge – en cas d'offensive militaire – veut rester « neutre » et que la société « n'appartient à personne ». Veillard constate que la « plupart de ces hommes ne sont pas des rebelles, mais des paysans qui se sont ralliés à la cause[1] ». Il entend juste « savoir à qui le groupe pourrait s'adresser si ces combattants prenaient le contrôle de la région et bloquaient les routes ». Aucun n'apparaît ouvertement hostile à Lafarge. La France n'est pas mal vue. Loin de là. Le porte-parole de l'Armée syrienne libre glisse au passage que les services français entraîneraient des miliciens dans un camp près d'Idlib.

Très vite, le duo comprend que ces factions ne sont pas coordonnées entre elles, n'ont pas les mêmes objectifs, à part celui de renverser le régime. Selon Jacob Waerness, l'un des intervenants semble « islamiste ». Ils ont un « agenda religieux » et souhaitent une « Syrie future gérée entièrement ou en partie par la loi islamique[2] ». Tous ont surtout en commun de voir la « vache à lait » que peut représenter l'usine, les milliers de

1. Entretien avec les auteurs, le 22 juin 2024.

2. *Gestionnaire en matière de sécurité en Syrie, Mon travail entre régime, rebelles et EI*, livre de Jacob Waerness.

dollars qui peuvent tomber en échange de leur protection. Lors de son séjour turc, Veillard assure avoir été aussi témoin du grand marchandage de la guerre, de ce qui se trame en coulisses. À savoir, le financement de la révolution par des puissances étrangères (en fonction de la taille des brigades). Il aperçoit les Américains et les Qataris remettre des valises de billets et comprend que ces groupes sont là « pour ça, chercher de l'argent[1] ». À son retour à Paris, le vieux routard du renseignement, comme il en a l'habitude, rédige un rapport à destination de sa hiérarchie qui est évoqué lors du comité sûreté du 27 septembre 2012 : « Il n'y a aucune coordination possible avec ces réseaux. Ils ne peuvent offrir aucune garantie en matière de sûreté. […] Les rebelles ont clairement montré leur volonté de contrôler les fichiers clients et de "taxer" les ventes au départ de l'usine », écrit-il. Ce qu'il ne met pas noir sur blanc est son sentiment à l'égard de l'intermédiaire syrien, Firas Tlass, qui prétend être le futur leader de la rébellion. En fait, il n'est « ni efficace ni respecté » et Veillard ne lui « confierait pas les clés de sa voiture[2] ».

Quelques semaines plus tard, Bruno Pescheux récapitule par courriel auprès de Christian

1. Entretien avec les auteurs, le 20 mai 2022.
2. *Id.*

Herrault les nouvelles modalités de rémunération de Firas Tlass. Il n'est plus actionnaire de Lafarge Cement Syria (LCS), car ses biens ont été gelés par le régime syrien à la suite de sa défection. Il préconise de trouver un autre moyen de rétribution plus discret *via* une société off-shore. Par ailleurs, Pescheux explique que « depuis juillet 2012 », une somme de 5 millions de livres syriennes (75 000 dollars) lui est versée mensuellement « hors contrat écrit » : « Ce montant est censé être redistribué afin d'assurer la sécurité à l'usine, mais nous n'avons pas réussi jusqu'à présent à savoir précisément l'attribution par entités et la nature des "garanties". » Cette enveloppe supplémentaire est en réalité destinée à des « paiements de sécurité » afin de rémunérer les groupes armés et permettre aux employés de circuler. Le début de l'acceptation d'une économie de racket. Personne au sein du groupe cimentier ne semble s'y opposer. « C'est pour la sécurité des employés », entend-on. De plus, ces milices sont « soutenues par la France ». Où est le mal ? Pescheux pressent que son affectation en Syrie commence à ressembler à un long tunnel dont il ne voit pas la sortie. Faut-il opérer un demi-tour ? Est-il déjà trop tard ? On leur a dit que Bachar allait tomber, comme Moubarak, Ben Ali… Il faut avancer encore, un peu. L'issue est peut-être proche. L'histoire de la grenouille qui se met à bouillir lentement dans la casserole.

6

Le salaire de la peur

À l'automne 2012, l'usine redémarre. Mais elle se retrouve aussitôt à nouveau confrontée à la réalité de la guerre. La « zone d'intérêt » devient une zone à haut risque. Le 6 octobre, neuf employés de confession alaouite[1] sont kidnappés par des brigades « rebelles » (se réclamant de l'Armée syrienne libre). L'enlèvement se déroule à 7 kilomètres de l'usine, alors que les employés – revenus dans la cimenterie à la demande de Lafarge pour relancer la production – circulent en minibus. Selon le compte-rendu de Veillard, le chauffeur est complice, le groupe était suivi et une dénonciation interne est probable. Jacob Waerness est chargé de mener les négociations. Il s'appuie sur l'incontournable Firas Tlass, qui, lui-même,

1. Minorité religieuse à laquelle appartient Bachar al-Assad.

active ses contacts (depuis Dubaï, où il est désormais réfugié). Les employés vivent un cauchemar. Yeux bandés quasiment en permanence, menaces de mort, changements de lieux, nourriture infâme… Quotidiennement, Bruno Pescheux, le « patron pays », depuis son bureau du Caire, fait un point avec l'état-major parisien : Bruno Lafont, PDG, Christian Herrault, responsable de la zone, et Jean-Claude Veillard. La direction s'impatiente, craint que l'affaire ne s'ébruite. Les discussions avec les kidnappeurs aboutissent au bout de trois semaines. Les otages sont libérés, moyennant le paiement par Lafarge de 25 millions de livres syriennes (soit 200 000 dollars). Sur le pont qui enjambe l'Euphrate, selon un scénario digne d'un film d'espionnage, Waerness remet en pleine nuit à des hommes lourdement armés et à la barbe longue la rançon en petites coupures. Le tout entreposé dans des sacs qui pèsent plus de 30 kilos. Les alaouites sont renvoyés chez eux, dix-sept Chinois (qui étaient revenus sur le site) définitivement exfiltrés. Fin 2012, pour la première fois, Veillard mentionne la présence de « réseaux salafistes ». La « zone d'intérêt » commence à être cernée.

Une centaine d'employés locaux continuent néanmoins à faire tourner la cimenterie. La guerre s'insinue partout. La peur aussi. Des checkpoints sont fixes, d'autres mobiles. Les salariés essaient de reconnaître les groupes à leur drapeau, mais « ils changent sans cesse ». Entre Damas et Alep, la guerre civile prend une nouvelle tournure. Certains révolutionnaires syriens – opposés au régime – se rapprochent des combattants du Front al-Nosra, groupe islamiste qui a prêté allégeance à Al-Qaïda, inscrit sur la liste des organisations terroristes par les États-Unis. Ils ont en commun avec les autres insurgés de détester Bachar al-Assad et d'avoir le Qatar comme bailleur de fonds. Officiellement, la France soutient l'opposition « non radicale ». Il faut comprendre « non islamiste radicale ». Mais les frontières sont ténues. Sur le terrain, les combattants passent d'une bannière à l'autre.

Jaber M., salarié chargé de l'automatisme de l'usine, identifie les hommes de Jabhat al-Nosra (autre groupe lié à Al-Qaïda qui se confond avec al-Nosra). Ils montent dans le bus pour vérifier les identités sur la base d'une liste donnée par le chauffeur. Tout lien avéré – ou non – avec le régime peut être synonyme de mort assurée. Lors des prêches du vendredi, diffusés par haut-parleurs, les muftis et combattants expriment un discours de plus en plus extrémiste. Les soldats de la liberté sont devenus ceux d'Allah. Hisham H., responsable informatique, d'origine kurde, fait le choix de résider dans l'usine, y compris ses jours de congé. « Trop de danger sur la route[1] » qui mène à son village. Deux salariés, d'origine chrétienne, font de même. Pour eux, le « danger est encore plus grand ». Au sein de ces groupes mouvants, on entend de plus en plus parler français et d'autres langues du monde entier. La Syrie attire les apprentis djihadistes de tous horizons. Dès 2013, la presse française s'en fait l'écho : « Cinq cents Européens en Syrie pour le djihad[2] », « La menace du retour des djihadistes français de Syrie[3] », « Kalene, un Français engagé dans l'enfer d'Alep[4] ». Nul – sauf s'il n'ouvre jamais un journal – ne peut ignorer le phénomène.

Au sein de l'usine, l'ambiance est pesante. Avec le départ des expatriés, la charge de travail s'est alourdie, les journées s'étendent en longueur. Les employés voient de plus en plus rarement leurs familles. La livre syrienne s'effondre. Les salaires – malgré les requêtes des employés – n'augmentent pas ou peu. Le manager, Mamdouh al-Khaled (qui quittera la Syrie après des menaces et sera remplacé par Hassan al-Saleh), s'avère être un « piètre manager ». L'usine ressemble de plus

1. L'ensemble des témoignages des employés sont extraits de leurs auditions ou attestations dans le cadre de l'enquête judiciaire.

2. *Marianne*, 25 avril 2013.

3. *Le Monde*, 26 mai 2013.

4. *Le Parisien*, 6 août 2013.

en plus à un bateau ivre mal gouverné, sans maître à bord. Depuis Le Caire, Pescheux communique avec le directeur par téléphone satellitaire. Les employés qui se plaignent de leurs conditions de travail sont menacés de licenciement. La bourse ou le chômage. La plupart touchent environ l'équivalent de 700 dollars par mois. « Pas du tout suffisant pour vivre. » Des envies de partir ? « Oui, mais aucune alternative et pas assez d'argent. »

Pour qu'ils touchent leur salaire, le directeur de l'usine impose au personnel d'aller le chercher dans une banque à Alep, en empruntant une route où sont parfois embusqués des snipers. Le salaire de la peur, au sens propre. L'un d'eux, Abdou al-H., enlevé devant la banque (probablement par des hommes du régime), n'est jamais réapparu. Mustapha Mahmoud, technicien dans la centrale électrique, se souvient avoir failli mourir : « Cela m'est arrivé plus d'une fois ! Début 2013, une roquette est tombée dans un square à côté de la banque. Heureusement, nous n'avons pas été touchés, mais il y avait beaucoup de morts et de blessés autour de nous. Nous n'avons même pas pu nous occuper dignement des morts[1]. »

Au siège parisien de Lafarge, dans la salle de réunion du comité sûreté, Jean-Claude Veillard

1. Entretien avec les auteurs, le 30 août 2024.

continue à tenir la comptabilité des enlèvements. Devant un auditoire toujours aussi impassible. Le 28 mars 2013, le fils du directeur des expéditions, Samer J., est capturé à Manbij : « Les kidnappeurs demandent une rançon de 7 millions de livres et accusent Lafarge de soutenir le PYD (parti kurde syrien). » Depuis que l'usine fonctionne, la filiale syrienne a confié la sécurité à des employés kurdes (non armés), majoritaires dans la zone. Une manière d'acheter la paix sociale. Neuf jours plus tard, « deux employés disparaissent entre Homs et Raqqa », alors qu'ils étaient en route vers l'usine. Au total, « dix-sept personnes kidnappées en deux semaines à Manbij », recense Veillard. Une inquiétude ? Une envie de plier bagage ? Veillard note que la prochaine échéance est… la « relance du four début mai ». Le 25 mars, encore « trois cas d'enlèvements ». Tous sont libérés, moyennant le versement d'une rançon par les familles.

Le 13 juin 2013, l'État islamique en Irak et au Levant (EIIL) – qui deviendra l'État islamique – annonce la prise de la ville de Raqqa (à 85 kilomètres de l'usine), qu'il proclame comme étant la capitale du califat. Quelques jours plus tard, les villes de Manbij et d'Al-Bab tombent à leur tour. À Manbij, où résident quarante employés de Lafarge, la charia – la loi islamique – est désormais appliquée. Lors d'un roulement entre deux équipes, un employé de Lafarge est surpris en train de fumer une cigarette par une brigade de Daech. Il est immédiatement embarqué, séquestré pendant une semaine. Ses collègues se rendent au commissariat pour se renseigner sur son sort. Les djihadistes leur disent qu'il sera puni d'une semaine de prison... sauf s'il apprend des versets du Coran par cœur. Pour les crimes plus graves, les djihadistes pratiquent des exécutions en place publique. Pendant le ramadan, l'activité est ralentie tant ils imposent un strict respect des règles islamiques. La population a accueilli, dans un premier temps, plutôt favorablement Daech (qui a rouvert des boulangeries, promis de lutter contre la corruption...). Mais beaucoup se ravisent. Sur le trajet entre Manbij et l'usine, suivant les jours, les heures, les humeurs, le passage se fait sans difficulté. « Le chauffeur doit dire "Lafarge" et il passe », assure Hisham H. D'autres fois, cela ne passe pas.

À la peur de l'enlèvement s'ajoute la guerre tout court. Lors d'un bombardement, la maison d'Ahmed A. est détruite ainsi que sa voiture, son chien, un mouton, trente poulets, une ferme avec 30 hectares d'arbres fruitiers, 200 pistachiers, un entrepôt et 30 tonnes de blé. Le magasin de réparation de téléphones qu'il ouvre est lui aussi détruit par un obus. Ayman A., ingénieur, « contraint » de résider à Manbij sous le règne de Daech, vit au rythme des poses d'explosifs aux checkpoints. Selon lui, le fait de travailler pour Lafarge, une société française, est mal vu par les djihadistes. Il doit se déplacer clandestinement. Les communications (téléphone et Internet) sont coupées dans la ville. La pression monte d'un cran. Il est retenu une première fois sur la route entre Alep et Manbij par une milice qui veut le forcer à s'engager pour les djihadistes. Il est questionné une deuxième fois par l'État islamique, qui relève son nom et le poste qu'il occupe. Daech, proto-État totalitaire, tient des listes. Il a sa police, administre le territoire d'une main de fer. Moheed A., répartiteur, identifié comme étant salarié de Lafarge, est enlevé par Daech aux environs de Raqqa. Il est « torturé, menacé par des échanges de tirs par ses ravisseurs ». Il perd l'audition de l'oreille gauche à la suite de ces mauvais traitements. Il assure avoir dû régler les 10 000 dollars de rançon exigés par ses ravisseurs.

À Paris, l'état-major de Lafarge consigne ces exactions. Le comité sûreté du 2 juillet 2013 relève que « deux moines chrétiens ont été décapités publiquement par Al-Nosra le 23 juin ». Pour la première fois, il est fait mention de la présence d'ISIS (Islamic State of Irak and Syria, qui deviendra État islamique). Les médias poursuivent eux aussi la chronique d'une horreur mécanique. Un article titré « Effroi après l'exécution d'un enfant en Syrie[1] » relate qu'un adolescent a été abattu pour avoir « blasphémé » le Prophète dans la région où se situe l'usine. Selon une ONG syrienne, à cette date, « au moins 5 000 enfants ont été tués depuis le début du conflit en Syrie qui a fait près de 94 000 morts ». *Paris-Match* titre sans ambiguïté : « Surenchère dans l'horreur[2] ». Le poids des mots, le choc des photos. Clichés à l'appui, un photographe a été témoin de plusieurs exécutions entre Alep et Azaz, à trois heures de route de l'usine, près de la frontière turque. D'autres journaux font état de la progression inexorable des djihadistes : « Qui arrêtera Al-Nosra[3] ? », « La Syrie bascule dans la guerre de religion[4] ». En juin 2013, plusieurs journalistes français sont pris en otage par l'État islamique. Depuis un an, les cadres de Lafarge paient des consultants spécialisés – notamment l'Observatoire des pays arabes – pour être éclairés sur ce qu'il se passe en Syrie. Dès janvier 2013, une note rédigée par Antoine Basbous, politologue spécialiste du Moyen-Orient, a alerté les dirigeants de Lafarge sur le fait que « la grande menace pour la stabilité de la région [où se trouve

1. *Le Point*, 11 juin 2023.
2. *Paris-Match*, 12-18 septembre 2013.
3. *La Revue*, juin 2023.
4. *L'Opinion*, 17 juin 2013.

l'usine, NDA] est la proximité géographique entre les Kurdes et les islamistes ». Impossible de ne pas comprendre que le piège se referme. À moins de ne pas vouloir voir. Le 2 août 2013, Veillard, à la suite d'une discussion avec Antoine Sfeir, spécialiste réputé du Moyen-Orient, l'informant d'une possible offensive dans l'est du pays, envoie un SMS à Bruno Lafont pour préconiser de « stopper l'usine, mettre nos personnels à l'abri, préserver nos biens, faire le dos rond en attendant l'orage[1] ». Un consultant que le PDG rencontrera lui-même en septembre et novembre. Sans conséquence.

Selon le comité sûreté, les djihadistes s'installent maintenant « de manière visible à Jarabulus », une ville frontière avec la Turquie, à 70 kilomètres de l'usine. L'un des scénarios imaginés en cas d'offensive armée était de pouvoir évacuer le personnel par cette ville. C'est désormais trop risqué. Les camions des distributeurs de Lafarge transportant le ciment circulent de plus en plus difficilement. Les clients ne sont plus livrés. Il peut y avoir jusqu'à vingt barrages le long d'une route de 200 kilomètres, tenus par des groupes différents ! La carrière où Lafarge s'approvisionne à Raqqa pour la pouzzolane (roche

1. Message mentionné dans l'ordonnance de renvoi devant le tribunal correctionnel du 16 octobre 2024.

utile dans la confection du ciment) est passée sous le contrôle de l'État islamique.

Comment maintenir les routes ouvertes ? Comment acheter les matières premières ? Lors du comité sûreté du 11 septembre 2013, Jean-Claude Veillard confirme sans détour les données de cette équation impossible : « Les flux logistiques et les mouvements de personnel sont perturbés, voire parfois bloqués par les islamistes, Jabhat al-Nosra et ISIS. Ces derniers exigent que leur soit "versée une taxe" afin d'autoriser le passage des camions et des véhicules. » Veillard relève que Bruno Pescheux, le « patron pays », et Jacob Waerness, le responsable sûreté, sont même convoqués… devant le tribunal islamique de Raqqa. Ils doivent « rendre compte des accusations portées contre eux : coopération avec le régime syrien, vandalisme à l'encontre des routes, favoritisme ethnique ». Le courrier, daté du 13 août 2013, se conclut par « Dieu est le maître des croyants ». La menace (divine) est claire. Veillard poursuit : « La présence de ces groupes islamistes constitue pour nous la principale menace à prendre en compte. Il devient de plus en plus difficile d'opérer sans être amené à négocier directement ou indirectement avec ces réseaux classés terroristes par les organisations internationales et les États-Unis. » Le document ne mentionne pas les réactions des personnes présentes autour de la table, notamment

Christian Herrault, le responsable de la zone, ou Bi Yong Chungunco, la directrice juridique. Encore moins celle de Bruno Lafont, qui lui continue à recevoir ces documents de la main à la main.

Au moment où Lafarge s'interroge sur son avenir, la situation géopolitique change encore. Barack Obama choisit de ne pas ordonner les frappes préparées contre le régime syrien à la suite d'attaques à l'arme chimique dans la banlieue de Damas qui ont fait des centaines de morts parmi les rebelles. Le président des États-Unis efface ainsi la ligne rouge qu'il avait tracée lui-même en 2012. Les Américains estiment qu'en punissant Bachar, ils dégagent le terrain pour les islamistes qui agissent sous la bannière d'Al-Qaïda ou de Daech. L'ennemi de mon ennemi n'est plus mon ami. Le dictateur syrien devait tomber en quelques semaines, et voilà que l'Oncle Sam flanche avant de lui donner le coup de grâce. Pour Lafarge, l'horizon se brouille. Que faire ? Herrault assure : « On nous disait en permanence : "Bachar va tomber le mois suivant." Il y avait à chaque fois une bonne raison d'attendre, de ne pas fermer l'usine. Daech est devenu Daech parce que les Occidentaux ont laissé faire. Joe Biden a ultérieurement été très explicite à ce sujet[1]. »

1. Entretien avec les auteurs, le 25 avril 2024.

Un mois plus tard, le 15 octobre 2013, une solution semble avoir été trouvée à Jalabiya pour l'approvisionnement de l'usine : « Grâce à des négociations menées avec les différents intervenants, les flux logistiques et les mouvements de personnes ont pu reprendre, rapporte le comité sûreté. Les ventes ont ainsi pu atteindre des moyennes journalières supérieures à 3 000 tonnes. Les approvisionnements sont globalement assurés. » Pour permettre à l'usine de continuer à fonctionner (et éviter les kidnappings, pillages), Lafarge a de nouveau sollicité Firas Tlass, son partenaire local. L'homme d'affaires a ouvert un bureau dans la ville de Manbij. Selon Jacob Waerness, « quelques personnes dynamiques y travaillent, des jeunes diplômés en informatique et économie, et des plus âgées ayant une expérience commerciale à Alep[1] ». Leur mission : « maintenir les routes ouvertes pour le trafic au départ et à destination de l'usine ». En bon négociateur, Tlass fait envoyer « 27 ordinateurs, 5 iPhone et 5 caméras » aux Kurdes et aux « princes de Daech [*sic*] » : « Les relations sont meilleures avec Daech maintenant[2] », écrit-il à Bruno Pescheux. Un pas est

1. *L'Usine. Faire des affaires en zone de guerre*, livre de Jacob Waerness.

2. Courriel du 19 décembre 2013 adressé par Firas Tlass à Bruno Pescheux.

franchi. Lafarge – *via* Tlass – discute avec les djihadistes. Un accord est trouvé. Loin de l'usine, au sein du comité stratégie et développement du groupe à Paris, la Syrie fait partie d'une liste de cinq pays considérés comme une « jeune pousse pouvant devenir un futur moteur de cash[1] ».

Début 2014, la situation varie entre intensification des combats et périodes d'accalmie. Les Kurdes se font de plus en plus pressants, multiplient les vols dans l'usine. En mai, les djihadistes « encerclent totalement » la cimenterie « dans un rayon d'une trentaine de kilomètres ». Les villes de Raqqa, Manbij, Aïn Issa… sont tombées. « Une emmerde de plus, se disent les cadres locaux. On a un problème à l'est. La tâche va être encore plus difficile. » Les camions, qui étaient « simplement » rackettés, sont maintenant littéralement confisqués.

Alors que la Syrie s'enfonce encore plus dans la guerre, Pescheux se plaint… de ventes de ciment très fluctuantes, qui tombent à 700 tonnes par jour en janvier 2014 : « À ce niveau, nous perdons de l'argent tous les jours ! » se lamente-t-il auprès de Firas Tlass. « Dans ces conditions, peut-on continuer à les payer si nous n'avons pas de résultats[2] ? » Dans les mois qui suivent, l'usine survit au

1. Comité stratégie et développement du 5 novembre 2013.

2. Courriel du 10 janvier 2014 adressé par Bruno Pescheux à Firas Tlass.

gré des combats et négociations menées sur place par l'équipe de Firas Tlass. Il n'y a plus aucun doute sur le caractère totalitaire et sanguinaire du groupe État islamique. CNN diffuse un reportage le 2 mai 2014 (puis la BBC le 8 mai et *La Croix* en juillet) sur la méthode de Daech consistant à exposer des corps mutilés par crucifixion. À Bruxelles, Mehdi Nemmouche, djihadiste français soupçonné de s'être formé en Syrie dans les rangs de l'État islamique, abat quatre personnes dans le musée juif de Belgique. Si loin, si proche. L'horreur monte encore d'un cran début août 2014. Daech mène une campagne d'exactions systématisées contre la minorité yézidie dans la région du mont Sinjar, en Irak, non loin de la frontière syrienne. Le Conseil de sécurité des Nations Unies dénonce ces attaques publiquement dès le 5 août. La Maison-Blanche, le Parlement européen, la Ligue arabe… qualifient ces faits de « crimes contre l'humanité » ou de « génocide ». Le 8 août, Veillard et Herrault reçoivent une note d'Antoine Basbous, le politologue de l'Observatoire du monde arabe, commentant la menace représentée par l'État islamique, qui vient de s'emparer de deux bases loyalistes en ayant « capturé, tué ou décapité leurs chefs ». Un document qu'Herrault fait suivre à Bruno Lafont[1].

1. Ordonnance de renvoi devant le tribunal correctionnel du 16 octobre 2024.

Le 19 août, James Foley, reporter américain de 40 ans, est assassiné après de longs mois de captivité. Le quotidien *Le Monde*[1] fait un récit glaçant de ses derniers instants. Le 20 août, le mouvement djihadiste publie une vidéo sur YouTube d'une violence insoutenable, dans laquelle James Foley prononce un court discours avant d'être égorgé et décapité par un sicaire de l'EI tout de noir vêtu et masqué par une cagoule. La vidéo a, depuis, été retirée. À genoux et en tenue orange, comme les détenus de Guantanamo, les mains liées dans le dos et le crâne rasé, James Foley déclare : « Je demande à mes amis, ma famille et ceux que j'aime de s'en prendre à mes vrais assassins, le gouvernement des États-Unis. » La dernière fois que Foley a été vu vivant, c'était à Binnish, dans la province d'Idlib, à quelque 150 kilomètres de l'usine.

En septembre 2014, étonnamment, les broyeurs de l'usine tournent à nouveau à plein régime (jusqu'à 6 000 tonnes par jour). Une coalition internationale dirigée par les États-Unis, regroupant soixante-neuf États, dont la France, lance une offensive pour stopper la progression des djihadistes en Syrie et Irak. Veillard comprend en son for intérieur que la situation devient intenable. Au début de la guerre civile, Christian Herrault, lui, s'était longtemps accroché à l'idée

1. *Le Monde*, 2 septembre 2014.

de ne pas « ajouter de danger au danger » car il était convaincu que « les ouvriers voulaient que l'usine fonctionne » : « C'était leur gagne-pain et cela leur donnait une perspective ». Ce qui l'inquiétait davantage était que la cimenterie devienne une « petite Syrie avec des conflits entre employés pro-Bachar et les autres » or Lafarge leur « imposait une stricte neutralité » : « Certains restaient dans l'usine car ils ne voulaient pas être embauchés par l'armée[1]. » La grenouille ne bouge (presque) plus. L'eau est en train de bouillir.

1. Rencontre avec les auteurs le 25 avril 2014.

Partie II

Les fantômes de Jalabiya

7

Le club des milliardaires

Ce 5 novembre 2013, lorsque les administrateurs de Lafarge se réunissent pour examiner les comptes des neuf premiers mois de l'année, sa filiale syrienne est devenue l'otage d'une guerre civile qui la dépasse. L'usine de Jalabiya se trouve désormais cernée par les bandes armées et des terroristes, notamment le groupe État islamique.

Au siège parisien, les jours de conseil d'administration se signalent par le ballet des voitures avec chauffeur qui déposent les participants devant l'entrée ou s'engouffrent dans le parking en sous-sol de la rue des Belles-Feuilles, à deux pas du Trocadéro. Cet immeuble est le poumon d'un groupe de quelque 70 000 personnes réparties sur tous les continents. Jusqu'en Corée du Nord ! Lafarge s'est installé ici en 1993 après de lourds travaux. C'est Bertrand Collomb, le prédécesseur de Bruno Lafont, PDG pendant quatorze ans, qui l'a inauguré. Il était particulièrement fier de son magnifique bureau en béton lissé, évocation des carrières de calcaire qui ont servi à édifier le canal de Suez.

À l'issue de chaque séance, certains administrateurs se retrouvent pour déjeuner tandis que d'autres s'esquivent avec le sentiment du devoir accompli. Trois mille neuf cent vingt kilomètres séparent cette honorable assemblée de la cimenterie syrienne… mais seulement un étage du bureau de Jean-Claude Veillard, le patron de la sûreté, où il fait régulièrement l'inventaire des épreuves infligées aux salariés de Jalabiya.

Comme à son habitude, Bruno Lafont – qui dirige le groupe et préside son conseil d'administration – s'assure que le quorum est atteint avant de commencer. Aujourd'hui, ils sont dix-sept à avoir répondu à l'appel, délégués du comité d'entreprise compris. Il n'y a guère que Pierre Pavin de Lafarge, le dernier membre de la famille fondatrice à siéger encore, qui se soit une fois de plus fait porter pâle. Diplômé de l'École des mines de Nancy, il a fait sa carrière dans le groupe, mais l'a quitté depuis quelques années. Au sein du conseil, cet homme enjoué et un tantinet anticonformiste a pris la succession de son frère, qui avait lui-même remplacé leur père. Mais l'Ardéchois ne goûte pas beaucoup ces rendez-vous, car il trouve qu'il y a désormais trop « de financiers qui ne connaissent rien au métier de cimentier[1] ». Autour de la grande table ovale du sixième étage sont en revanche présents Philippe Charrier, un HEC ex-PDG de Procter & Gamble[2], recruté en 2005. Il avait été approché par Bertrand Collomb, qui l'avait rencontré en 2002 au sein de la commission Yves-Coppens, chargée de rédiger la Charte de l'environnement voulue par Jacques Chirac. Mais aussi le banquier Baudouin Prot, qui a repris la charge de Michel Pébereau chez Lafarge, comme il l'avait fait à la tête de BNP Paribas, banque historique du groupe ; Michel Rollier, héritier des Michelin, dirigeant du géant des pneumatiques puis président de son conseil de surveillance jusqu'en 2012 – son frère a travaillé chez Lafarge – ; l'économiste espagnol Oscar Fanjul, longtemps aux manettes du pétrolier Repsol ; l'Américain Philippe Dauman, PDG du groupe de médias Viacom, ancien administrateur de Lafarge North America ; l'homme d'affaires mexicain Juan Gallardo ; Colette Lewiner, normalienne et physicienne, administratrice indépendante de profession ; Véronique Weill, spécialiste

1. Rencontre avec l'un des auteurs le 15 octobre 2024.

2. Philippe Charrier est devenu en 2017 président du conseil d'administration, puis en 2022 directeur général du groupe de maisons de retraite Orpea.

de la banque et de l'assurance ; et enfin, Hélène Ploix, l'une des deux premières femmes diplômées de l'Insead, Institut européen de l'administration des affaires, en 1968. Cette dernière a la particularité de régner depuis plus de dix ans sur le comité d'audit de Lafarge, satellite du conseil chargé de suivre l'efficacité du contrôle interne et la gestion des risques.

Ses collègues ont tous beaucoup de respect et d'égards pour cette dame aux cheveux blancs. Elle est le modèle type de l'administrateur à la française et participe au *board*, selon l'expression consacrée, d'une multitude de grands groupes. Il faut dire qu'elle a accumulé une expérience et un réseau impressionnants dans la finance et la haute administration. Elle a rencontré Bertrand Collomb lorsqu'elle officiait au cabinet de Laurent Fabius à Matignon. Ils se sont également côtoyés à Washington, où l'ex-PDG possède une maison et où elle a été administratrice du FMI et de la Banque mondiale. Hélène Ploix a dirigé une banque et, en début de carrière, fourbi pendant sept ans ses armes dans le cabinet de conseil McKinsey, sans compter un passage par le collège de la commission des opérations de Bourse.

Cet échantillon s'avère assez représentatif des personnalités qui fréquentent ou ont fréquenté la salle du conseil d'administration. Des hommes et des femmes d'âge mûr, au parcours professionnel et à l'entregent exemplaires. Ils se comportent ici comme s'ils participaient à un club sélect ou à l'amicale des anciens élèves de l'une des prestigieuses écoles où ils se sont formés. Amabilité et courtoisie de rigueur. Ce qui n'exclut pas la compétence, le travail et les débats, assurent-ils. Mais leurs délibérations sont couvertes par le secret, et nul n'a le droit de les divulguer. Aucune majorité de sceptiques ou de mécontents ne s'est en tout cas jamais dégagée pour contredire les projets de Bruno Lafont et éviter la situation financière calamiteuse des neuf premiers mois de l'année 2013. Ils en auraient eu les moyens, mais ne l'ont jamais fait.

Au contraire, ils nourrissent tous une confiance absolue et revendiquée en « Bruno », qui les a pour la plupart sélectionnés avec l'aide de Bertrand Collomb. Une originalité française pour le moins contre-intuitive, puisque chacun d'entre eux tient sa nomination et ses jetons de présence (entre 40 000 et 60 000 euros par an) de celui dont ils sont censés juger et contrôler la stratégie et l'action. Une fois par an, un dîner les réunit tous dans un restaurant du bois de Boulogne, Le Pré Catelan. Pour la plupart, l'unique occasion de rencontrer les membres du comité exécutif, les principaux cadres de la maison. Les conjoints sont conviés.

Ce mardi 5 novembre, les émissaires des actionnaires, le Groupe Bruxelles Lambert (GBL) et la Holding NNS, ont également répondu à l'invitation du PDG. Ils détiennent respectivement 20 % et 12 % du capital de la société. Ceux-là, Bruno Lafont ne les a pas choisis. GBL est représenté par Gérard Lamarche, ancien directeur financier de GDF Suez, que tout le monde annonce comme le successeur d'Albert Frère[1], le patron de GBL, alors âgé de 87 ans, considéré comme l'homme le plus riche de Belgique. Également présents, Ian Gallienne, frère du sociétaire de la Comédie-Française et gendre d'Albert Frère, ainsi que Paul Desmarais Jr associé du groupe belge, fils du meilleur ami (prématurément décédé) d'Albert Frère. Une affaire de famille. Paul Desmarais, lui aussi richissime, qui possède une société financière active en Amérique du Nord et un groupe de journaux, occupe le troisième siège attribué à GBL. La holding NNS appartient quant à elle aux Sawiris, des coptes du Caire, qui est entrée au capital de Lafarge depuis le rachat d'Orascom, l'entreprise de construction égyptienne. Nassef Sawiris, qui gère les intérêts de sa famille, l'une des plus fortunées du pays, siège là en personne. Cette acquisition a permis à Lafarge de s'implanter

1. Albert Frère est décédé le 3 décembre 2018. Il avait pris sa retraite en février 2015.

en Syrie. Nassef Sawiris réside principalement à Londres et fait généralement le déplacement en jet privé. À ses côtés, son bras droit, Jérôme Guiraud, un as de la finance.

Jusqu'en 2008, Lafarge avait réussi à préserver son indépendance. Le capital était divisé en 175 millions d'actions détenues par 200 000 petits porteurs ou des institutionnels, comme la Caisse des dépôts. Des partenaires passifs, sans vision particulière, qui laissaient les managers, jaloux de leur liberté, agir à leur guise. Le pouvoir appartenait à un triumvirat. Le dernier a fonctionné jusqu'en 2006. Il était composé de Bertrand Collomb, le PDG, et de deux autres figures du groupe, Bernard Kasriel et Jacques Lefebvre ; il avait été baptisé « la Troïka ». Tout un programme. Les offensives extérieures pour prendre le contrôle du groupe Lafarge, comme celle de Saint-Gobain en 1988, avaient été repoussées fermement. Les barons du patronat français étaient intervenus pour calmer le jeu. L'affaire s'était réglée entre gens de bonne compagnie et anciens du corps des Mines. Tout a basculé en janvier 2006, lorsqu'un vrai baron, belge celui-là, Albert Frère, a jeté son dévolu sur Lafarge. GBL, la société d'investissement qu'il détenait avec le Canadien Paul Desmarais Jr, a acquis 5 % des parts sociales du groupe. Conduite secrètement, l'opération n'avait été mise au jour qu'en raison des règles boursières obligeant les deux prédateurs à se découvrir au-delà de ce seuil. Ce changement d'époque correspond à la passation de pouvoir progressive entre Bertrand Collomb et Bruno Lafont. Quelques jours après ce coup de tonnerre, Albert Frère avait quitté sa propriété de Gerpinnes, entre Sambre et Meuse, en Belgique, pour faire part de ses ambitions à Bertrand Collomb. En fin de règne, ce dernier l'avait reçu dans son beau bureau. L'échange entre les deux hommes avait été glacial. « Au-delà de 5 %, je considérerais qu'il s'agit d'un geste inamical », avait déclaré Collomb. « J'ai l'intention de monter à 20 % », avait rétorqué le roi de la finance belge. La légende maison raconte que ce jour-là Collomb n'a pas raccompagné son hôte au rez-de-chaussée, mais l'a laissé prendre l'ascenseur sur le palier du quatrième étage. Albert Frère jouissait d'une réputation épouvantable chez les patrons français, dont il avait colonisé l'actionnariat. Gérard Mestrallet relatait à l'envi les deux heures de torture qu'il endurait chez Suez à répondre à ses pointilleuses questions tous les samedis matin. La rebuffade du Français n'a produit aucun effet face à l'appétit de l'ogre belge. Bien entendu, celui-ci n'avait aucune passion pour le ciment, mais un flair infaillible jusqu'alors pour repérer les bonnes affaires. Depuis plus de soixante ans, il cultivait son image de fils de marchand de clous devenu milliardaire, surjouant un style direct et bonhomme. Autodidacte, grâce à sa finesse et à son sens aigu du rapport de force, il avait transformé la PME familiale de Charleroi en grande société de négoce d'acier qu'il a vendue avant la crise de la sidérurgie, au début des années 1980. Ensuite, il a utilisé son pactole dans un jeu de participations complexes au sein de différentes entreprises de renommée internationale, notamment en France.

En 2004, lorsqu'il fond sur Lafarge, Albert Frère vient de se désengager du groupe de médias allemand Bertelsmann et joue sa dernière partie. À l'orée de ses 80 ans, il s'apprête à passer la main. Les manœuvres engagées par GBL au cours des mois qui suivent provoquent des fluctuations importantes du cours de l'action, la propulsant au-delà de 120 euros.[1] Un niveau qui ne correspond guère à la situation de l'entreprise. La dernière grosse opération d'Albert Frère lui aura coûté très cher. En un an, GBL a en effet atteint son objectif de 20 % des parts sociales du groupe. Lafarge avait en outre mis en place un dispositif de droits de vote double aux assemblées générales pour les actionnaires entrés depuis plus de deux ans. Face à des petits porteurs désorganisés, GBL est rapidement devenu le vrai patron du groupe.

1. 124 euros en 2007, 113 euros en 2006, 76 euros en 2005 (source : « La chute de Lafarge », Denis Fabre)

Il a mis Bruno Lafont sous coupe réglée, lui imposant des comités restreints avec ses hommes – Lamarche, Desmarais, Gallienne. Depuis le rachat d'Orascom en 2007, l'entreprise égyptienne, opération approuvée par GBL, le trio belge doit partager le pouvoir avec Nassef Sawiris, qui, dans l'opération, est devenu deuxième actionnaire du groupe. L'homme d'affaires sait faire valoir ses choix par son autorité naturelle. En quelques années, le conseil d'administration de Lafarge s'est transformé en un salon de milliardaires qui apparaissent dans les classements des trois cents hommes les plus riches du monde. Officiellement, la voix des actionnaires vaut celle des autres membres du conseil. Mais tout le monde sait que les décisions stratégiques se prennent en amont et que Bruno Lafont est devenu l'obligé de ces nouveaux rois du béton.

Ce jour de novembre 2013, Bertrand Collomb, président d'honneur, les quatre commissaires aux comptes, Jean-Jacques Gauthier, le directeur général adjoint aux finances, et Bi Yong Chungunco, la directrice juridique qui assure le rôle de secrétaire générale, participent également à la réunion, mais ne possèdent pas de droits de vote. Ils sont là pour apporter une expertise technique. Bruno Lafont commence par évoquer les questions de sécurité, une de ses priorités, et se félicite de la diminution des accidents parmi le personnel.

Après les sujets d'ordre général, les membres du conseil auscultent la situation financière de Lafarge. Depuis plusieurs années, la tâche est ingrate. La solvabilité du groupe et leur réputation sont en jeu. À l'été 2011, les agences de notation Standard & Poor's et Moody's ont dégradé la note de Lafarge en catégorie spéculative, c'est-à-dire « très très dangereuse ». Au cours de cette même année, les profits de Lafarge ont chuté de près de 30 %. Une succession d'investissements coûteux et de retournements de marché ont plombé les comptes. La priorité reste au désendettement, qui était monté jusqu'à 16 milliards d'euros en 2007, au moment du rachat d'Orascom. Un investissement de plus de 8 milliards d'euros largement financé par l'emprunt. Il fallait absolument trouver des relais de croissance hors du monde occidental. Bruno Lafont, suivi par son conseil d'administration, avait fait le pari de la conquête des pays émergents avec l'acquisition du leader égyptien des matériaux de construction. L'industrie du béton est à la fois consommatrice de capitaux et cyclique. Il lui aura coûté près de 12 milliards au total si l'on prend en compte la reprise des dettes et le financement de l'usine de Syrie[1], à l'époque encore dans les cartons. Pendant

1. Calcul réalisé par Denis Fabre dans *La Chute de Lafarge*, récit, édition privée et limitée. L'auteur a effectué l'ensemble de sa

des mois, le risque économique d'une telle opération avait été pesé et soupesé, tant le besoin de ciment était important en Afrique et en Asie, mais les pays concernés étaient instables. Les administrateurs avaient envisagé différentes configurations, dont l'effondrement de plusieurs marchés en même temps. Aucun des scénarios imaginés ne compromettait l'équilibre global du nouvel ensemble. La seule hypothèse à n'avoir pas été échafaudée est celle du Printemps arabe, soit l'arrêt simultané de tous les marchés dont la Syrie.

Depuis 2011, la priorité est donc au désendettement pour faire remonter le cours de l'action. Au cours des cinq dernières années, l'entreprise a vendu plus de quatre milliards de bijoux de famille. Un véritable Monopoly qui occupe les administrateurs conseil après conseil et les empêche de voir la catastrophe qui se profile en Syrie.

Lors de cette dernière réunion de l'année 2013, ils passent en revue les positions de l'entreprise au Moyen-Orient et en Afrique, comme dans toutes les régions du groupe. Deux jours avant de se retrouver, ils ont reçu les documents préparatoires. On les informe qu'au cours de la période

---

carrière dans le groupe Lafarge, où il a occupé différentes fonctions de responsable financier avant de diriger l'audit interne du groupe pendant dix ans, jusqu'en 2006.

étudiée, cette région a connu des volumes « bien orientés ». Un luxe de détails est fourni aux participants pour leur donner une juste appréciation des situations de terrain. Presque partout. On y apprend par exemple qu'un nouveau broyeur récemment mis en service en Algérie devrait permettre de bénéficier au mieux de la croissance du marché, que les ventes de ciment ont été pénalisées en Égypte par une pénurie de gaz, que les volumes de bétons prêts à l'emploi ont cru de 18 % sur la période, soutenus par des projets routiers et dans le domaine de l'énergie renouvelable. Même la situation irakienne – où la demande de ciment et la concurrence sont restées vigoureuses – est évoquée. La Syrie est expédiée par une formule lapidaire :

« Notre activité demeure affectée par la situation actuelle[1]. »

Les procès-verbaux ne conservent aucune trace de questions posées par les administrateurs sur le contexte politique du pays. Pourtant, entre les exactions locales, les armes chimiques de Bachar al-Assad et les atermoiements de la diplomatie mondiale, le pays occupe l'actualité depuis de longs mois désormais. Des journalistes français

1. Lafarge, rapport financier au 30 septembre 2013, pages 9 et 10.

viennent d'être kidnappés. Tous les membres présents appartiennent à une catégorie surinformée de la population, mais aucun n'interroge le PDG sur la pertinence de maintenir une activité en Syrie, les conditions de travail des salariés locaux encore sur place, les liens avec un régime aux abois, l'utilisation faite des tonnes de ciment sorties des silos Lafarge. Ils ne s'intéressent qu'aux dix premiers *cash-flows* du groupe, et la Syrie n'en fait pas partie. Autour de la grande table ovale, il n'est question que de *goodwill*, d'indicateurs financiers, comme l'EBITDA, de taux de change et de volumes.

8

Noces d'argent

Pendant ce temps-là, à Zurich, les déboires de Lafarge donnent des idées de conquêtes à l'un de ses meilleurs ennemis. « On les déteste, mais l'alliance la plus intéressante serait avec Lafarge ! » La sentence de Bernard Fontana, le directeur général de Holcim, plonge la salle de réunion du Grand Hôtel Bad Ragaz dans un silence studieux. Puis, comme pour chasser un mauvais rêve, le conseil d'administration du géant suisse du ciment, le principal concurrent de Lafarge dans le monde, reprend le fil de son ordre du jour avec allant. Ses dirigeants ont pris l'habitude de se réunir régulièrement dans ce luxueux établissement thermal en Suisse alémanique. Thomas Schmidheiny, l'arrière-petit-fils du fondateur, qui détient encore 20 % des actions du groupe industriel, est particulièrement attaché à ce palace, propriété familiale, où il a commencé sa carrière à l'âge de 28 ans. Le panorama sur les Alpes et les eaux chaudes de la Tamina sont propices au travail et à la réflexion. Les Schmidheiny appartiennent à l'une des plus grandes fortunes de la Confédération.

À 67 ans, Thomas Schmidheiny, un germanophone au crâne lisse et à la carrure imposante, veille toujours aux intérêts du clan. Pour l'heure, il cherche à acquérir un concurrent afin d'accroître sa domination sur le marché de la construction. Déjouant les généralités sur l'incompétence des héritiers, la quatrième génération des Schmidheiny n'a pas dilapidé son patrimoine. Elle l'a fait fructifier. La banque, l'industrie, le transport aérien, le vin, les œuvres d'art, l'horlogerie, la philanthropie. Il n'est pas un secteur où cette dynastie née dans un modeste foyer au début du siècle précédent ne s'est pas illustrée. Jacob Schmidheiny, l'arrière-grand-père, fils de tailleur, reprend en 1867 une petite briqueterie en Suisse orientale, la développe et fait carrière en tant qu'entrepreneur. Ernst et Jacob II – ici, on numérote les Schmidheiny comme les rois – prennent la relève. Ernst investit dans la production de ciment, qui donnera plus tard naissance au groupe Holcim. À la troisième génération, leurs enfants Max et Ernst II accroissent la production de ciment et transfèrent le pouvoir aux deux fils de Max,

Thomas et Stephan, laissant leur sœur… vaquer à ses occupations. Des ombres dans la saga familiale. Stephan, le cadet, s'est retiré des affaires en 2003 après le scandale Eternit et ses usines de plaques de fibrociments en amiante, formidable isolant mais poison mortel. Thomas a également connu quelques déboires dans ses affaires, notamment lorsque tous les avions de Swissair, dont il était l'un des administrateurs influents, les ailes coupées par les dettes, sont restés cloués au sol. Pour ne jamais reprendre du service. L'histoire dit que les anciens pilotes de la compagnie refusaient de décoller lorsqu'ils le savaient à bord. Il n'en demeure pas moins à la tête d'un empire. Selon le classement Forbes, il serait en 2013 le 273e homme le plus riche du monde.

Après trois jours de ce séminaire au grand air, Rolf Soiron, le président du conseil d'administration de Holcim, repose la question à son DG. « Lafarge ! Vous êtes sérieux ? Si l'on évacue les critères moraux ou esthétiques, quel serait le meilleur mariage pour Holcim ? » Réponse identique : « Cela fait mal au cœur mais oui. » Au mitan de 2013, l'idée d'une fusion entre Lafarge et Holcim prend forme.

Les cimentiers ont la passion de la référence stratégique. Surtout les Suisses. Ils fonctionnent comme des mini-états-majors de l'Otan. Le métier s'y prête. Les écosystèmes, leur situation, la géographie, le débit des cours d'eau pour acheminer les matériaux sont autant de critères de rentabilité. Les matières premières sont lourdes, le produit fini plus encore, ce qui rend le coût du transport crucial. Les investissements sont colossaux, entre 500 millions et 1 milliard de dollars. Pour qu'un site soit profitable, il doit produire 1 million de tonnes de ciment par an.

Chez Holcim, on aime plus que tout étudier Lafarge. Sans doute en raison d'un complexe d'infériorité vis-à-vis des Français. Les Suisses envient le centralisme démocratique de la Rue des Belles-Feuilles. Une fois par an, les Zurichois passent en revue leurs acquis et leurs faiblesses. Ils les étalonnent au regard de leurs principaux rivaux. Chaque position est analysée avec une acuité de plus en plus forte. Le temps où l'entente entre grands acteurs du marché et la fixation d'un prix minimal de la tonne faisaient partie du *business model* est révolu. Les lois anti-concurrence américaine et européenne ont mis un coup de grâce au cartel cimentier. Les lourdes amendes infligées depuis le début des années 2000 ont rendu ces accords inefficaces. Ce changement des règles du jeu, le ralentissement économique en Europe et le dynamisme des pays émergents ont annoncé des grandes manœuvres, absorptions, acquisitions, fusions. Holcim a profité de la crise des liquidités en Asie pour acquérir un cimentier chinois. Le marché local est immense, égal au reste du monde. Pékin avait lancé la construction de trois méga-barrages. Les Zurichois ont également mis la main sur Dangote, le mastodonte nigérian du béton. Ils avaient auparavant pris position en Inde. Lafarge, de son côté, a racheté l'égyptien Orascom, puissant en Afrique, au Moyen-Orient, en Turquie. Des paris prometteurs, mais hasardeux. Ces nouvelles terres de conquêtes restent souvent énigmatiques pour les Européens. En Chine, par exemple, à l'issue d'une tournée mémorable de Holcim pour vanter ses expertises et la durabilité du béton, le groupe helvète a vite compris qu'il ne détiendrait jamais plus de 49 % des parts. Thomas Schmidheiny voulait être maître chez lui ; or la législation communiste s'accommode mal de ce type d'entreprise. À Delhi, la firme a été l'objet d'incessantes polémiques sur les conditions de travail de ses ouvriers. L'idée de la fusion avec Lafarge est née d'une politique défensive face à une transformation lente, mais irréversible, de l'économie planétaire. Dans ce nouveau monde, il faut grossir pour survivre. Le désir de trouver un allié répond à des évolutions géopolitiques, mais également à des questions plus triviales d'actionnariat.

Les Schmidheiny ont un partenaire encombrant dans le capital, Filaret Galtchev. Avec plus de 10 % des parts, le quinquagénaire russe à la tête d'Eurocement Holding est un proche de Poutine. Il exige depuis des mois un ou deux sièges au conseil d'administration de Holcim. Lors d'un récent voyage à Moscou, Rolf Soiron a été un peu refroidi par les méthodes de celui qui se vantait de financer le parti du président russe. Sous le regard viril d'un gorille tatoué en tee-shirt marin, il a reçu le Suisse dans son vaste penthouse moscovite comprenant une chapelle orthodoxe et des murs d'écrans d'ordinateur pour lui expliquer qu'il voulait désormais participer aux décisions du groupe. Un mariage aurait l'avantage de diluer un peu sa présence dans l'actionnariat et de rabattre ses prétentions. « Je veux être considéré au même niveau que Thomas Schmidheiny, si tu ne fais pas ce qu'il faut... », lui aurait lancé l'oligarque en guise d'au revoir avant de rejoindre une des ravissantes jeunes femmes qui erraient dans l'appartement.

Avant de se lancer à la conquête de Lafarge, les dirigeants de Holcim ont d'abord tenté d'approcher d'autres Européens. En vain. Les Allemands ont été disqualifiés d'emblée pour manque d'envergure. Un rendez-vous dans un *palazzo* défraîchi de Bergame a rapidement mis les Italiens du Nord hors course. Plus au Sud, l'influence de la mafia dans ce secteur est encore trop palpable. Les Français, en dépit de leur arrogance et d'une détestation mutuelle, restent les plus crédibles.

À l'automne 2013, Thomas Schmidheiny, Rolf Soiron et Dieter Spälti, l'un des plus proches collaborateurs de la famille Schmidheiny, se retrouvent autour du projet de rapprochement des deux groupes. Ils demandent alors à Spälti d'aller consulter les grands actionnaires de Lafarge, c'est-à-dire le Groupe Bruxelles Lambert, GBL, détenu par le Belge Albert Frère et le Canadien Paul Desmarais. À ce stade, les trois hommes préfèrent laisser Nassef Sawiris, le patron d'Orascom, à l'écart de ces premières discussions. L'Égyptien est un esprit brillant. Héritier comme Thomas Schmidheiny, il a lui aussi augmenté la fortune léguée par son père en développant le domaine de la construction. Son frère s'est investi dans les télécommunications. Les deux familles ont beaucoup en commun, mais se méfient l'une de l'autre. Holcim était associée à 50 % avec Sawiris dans une cimenterie au Caire. Lorsque les Suisses ont voulu la racheter en totalité, Sawiris a refusé. Holcim a décidé de sortir. Nassef Sawiris s'est endetté pour racheter l'ensemble. C'est ce qui l'a conduit en 2008 à vendre Orascom à Lafarge. Sawiris n'a pas oublié cet affront. Il pourrait vouloir bloquer l'affaire.

Début décembre 2013, Dieter Spälti fait le déplacement au Canada et en Belgique pour sonder discrètement les deux actionnaires. Il revient avec la conviction que l'opération n'est pas impossible. Les deux hommes forts de GBL ont accueilli le projet avec intérêt et semblent prêts à tenter l'aventure. Ils voient dans cette union une manière de sortir Lafarge du bourbier économique dans lequel se trouve le groupe où ils ont investi plus de 4 milliards d'euros. Enfin, la perspective de voir leur argent passer les Alpes dans un univers fiscal plus fiable qu'en France, où François Hollande, fraîchement élu, s'est engagé à taxer les riches, ne peut que les séduire. Ils promettent à l'émissaire de Holcim de garder le secret et de laisser le prétendant se découvrir en douceur.

Fin janvier 2014, Rolf Soiron, président du conseil d'administration de Holcim, passe un coup de fil confidentiel au PDG de Lafarge, Bruno Lafont, en lui proposant un rendez-vous. En Suisse, la fonction de président du conseil d'administration confère un rôle plus important et plus opérationnel qu'en France. Holcim ne peut trouver meilleur ambassadeur pour plaider sa cause. Soiron est un Belge devenu suisse. C'est un fils de « Malgré-Nous », ces jeunes germanophones enrôlés de force dans l'armée allemande pendant la Seconde Guerre mondiale, à l'instar de ce qui s'est produit en Alsace et en Moselle. Il parle français et ne nourrit pas, vis-à-vis des voisins de l'Ouest, la même aversion que ses compatriotes suisses. Le 2 février, les deux hommes se donnent rendez-vous à mi-chemin entre Zurich et Paris, dans un hôtel de Strasbourg. Ils ne se connaissent pas, mais entrent rapidement dans le vif du sujet. Ils établissent un calendrier et un process. Sur un bout de table et une feuille de papier, ils dessinent un organigramme et notent trois mots : « confidentialité, rapidité, organisation du travail ». Bruno Lafont ne met qu'une condition : obtenir avant toute chose l'aval des grands actionnaires. Il ne sait visiblement pas que les Suisses s'en sont assurés avant lui ! Dans les documents internes, Lafarge a pour nom de code Arès, le dieu de la Guerre, et Holcim, Ulysse, le héros grec. Le premier est un dur, un guerrier, le second aime les défis et est… malin.

Lors de ces discussions entre « amis » – car ils le sont devenus –, les problèmes de la filiale syrienne ne sont pas évoqués. La cimenterie de Jalabiya ne tourne pourtant plus qu'au ralenti. Les ventes de ciment se sont établies, en décembre 2013, autour de 2 500 tonnes par jour. Au lieu d'un objectif fixé à 7 000 tonnes. Un rendement très médiocre. Les combats s'intensifient entre les différents groupes djihadistes et se rapprochent de l'usine. Bruno Pescheux, le patron de la zone, rapatrié en Égypte depuis près de deux ans, ne rêve que d'une chose : plier bagage. Il veut retrouver son épouse et souhaite un point de chute en Afrique. Il sait que Christian Herrault, son patron, responsable de cette région du monde, lui cherche un successeur. La Syrie ne pèse certes pas très lourd dans la dot que Lafont apporterait dans l'union avec Holcim, moins de 1 % du chiffre d'affaires global, mais ses déboires grèvent les résultats financiers. La position de Lafarge au Moyen-Orient est en outre un des éléments qui séduit Holcim. La complémentarité des deux groupes sur les nouveaux marchés, entre l'implantation du suisse en Asie et celle de Lafarge dans le monde arabe, est parfaite. L'Europe et l'Occident ne sont plus des vecteurs de croissance, comme l'écrivent les experts.

Soiron et Lafont se retrouvent quelques semaines plus tard à Bâle, au domicile du premier, une grande demeure dans une jolie rue pavée, à une volée de pas de la cathédrale. Ils prennent soin de ne jamais se voir sur les sites du groupe, utilisent des noms de code. Le secret fait partie de la réussite de l'opération. Les deux hommes approfondissent leur amitié. Soiron est un partenaire fin et cultivé. Ils ont en partage la foi catholique et une certaine résilience face aux épreuves de la vie. Ils n'ont été épargnés ni l'un ni l'autre. Enfin, les deux négociateurs ont la même passion pour la musique. Ils se sont rapidement tutoyés. Sur l'essentiel, les cimenteries, ils se comprennent. En 1994, après vingt ans chez Sandoz, Rolf Soiron a été chassé par Thomas Schmidheiny lui-même pour intégrer le conseil d'administration de Holcim. Accompagné de son épouse, Soiron va faire le tour des cimenteries du groupe pendant ses vacances, n'hésitant pas à photographier discrètement les installations de ses concurrents. Ces microsociétés coupées du monde, qui grandissent auprès des carrières, fascinent le psychanalyste qui sommeille en lui. Chacune de ces villes a une culture propre et autarcique, quelle que soit la latitude.

Après onze ans à la tête du conseil d'administration, Rolf Soiron doit quitter ses fonctions lors de la prochaine assemblée générale, le 5 mai 2014, pour prendre sa retraite. Il veut absolument conclure l'accord entre les deux groupes avant son départ. Un péché d'orgueil ? Il justifie cette précipitation pour ne pas laisser aux contempteurs du projet le temps de s'organiser, dont Galtchev, le Russe qui ne veut pas être marginalisé. Il est décidé que l'annonce du mariage franco-suisse se fera avant Pâques. Ce timing serré convient à Bruno Lafont. Ses grands actionnaires le soutiennent. Le Français veut écrire un nouveau chapitre dans l'histoire du groupe, s'illustrer sur les continents de l'avenir et éponger ses dettes. Il appartient à une nouvelle génération. Sa réussite le ferait entrer au panthéon des grands hommes de la maison, Marcel Demonque, Olivier Lecerf, Bertrand Collomb, le patron adulé des cimentiers. Malgré ses réalisations, comme le rachat d'Orascom en 2008, il se sait encore jaugé par ses pairs. L'occasion est belle de mettre tout le monde d'accord.

Le siège du futur géant mondial du ciment s'installera en Suisse, le management se fera sur le critère de la méritocratie et le poste de directeur général reviendra à un Lafarge, Bruno Lafont en l'occurrence. Il faut absolument ménager l'État français et son ministre du Redressement productif, Arnaud Montebourg, qui se bat pour le patriotisme économique. En coulisses, le vibrionnant socialiste fait savoir qu'il ne s'opposera pas à l'union si les formes sont respectées. Le processus s'accélère. Les Suisses recrutent un des cabinets de communication français les plus en vue dans le domaine économique, Image Sept. La charismatique fondatrice de l'agence, Anne Méaux, pilote en direct l'opération Hawaï-Lima (pour Holcim et Lafarge). La date du 7 avril 2014 est choisie pour l'officialisation des fiançailles. Les Suisses paraissent prêts à de nombreuses concessions. Ils acceptent notamment que le nouveau groupe soit baptisé LafargeHolcim et non l'inverse, comme l'auraient commandé l'ordre alphabétique et la solidité financière. Ils proposent un mariage entre égaux. Ils approuvent à contrecœur la parité parfaite, une action Lafarge vaut une action Holcim. Même si, secrètement, les Suisses sont persuadés que les marchés et la réalité économique corrigeront ce qu'ils considèrent comme une incongruité.

Quelques jours avant la conférence de presse, Bruno Lafont se rend à l'Élysée pour rencontrer son secrétaire général, Emmanuel Macron, et lever les derniers doutes de l'exécutif. Les deux hommes se connaissent. Rolf Soiron l'accompagne, mais ne rentre pas dans le Palais et l'attend dans la voiture. Lorsqu'il revient de son entretien, Lafont est totalement rassuré. Il a constaté que Macron, ancien banquier de chez Rothschild (la banque de Holcim), comprend les logiques de fusion. En substance, Lafont rapporte que Macron est « du côté » des deux groupes, il veut qu'ils garantissent les postes de travail en France et souhaite que l'identité française soit reconnue, « d'une façon ou d'une autre ». Conclusion : « L'Élysée ne fera pas de problème, Hollande ne se prononcera pas contre. »

Vendredi 4 avril, Lafont et Soiron se rendent ensemble à Bruxelles pour rencontrer le commissaire européen à la Concurrence, Joaquin Almunia, dans ses bureaux de Berlaymont, le siège de la Commission. L'ancien ministre du Travail espagnol n'est pas d'un tempérament à se laisser impressionner et a l'habitude de voir défiler dans son bureau des géants mondiaux. Mais le couple qu'il reçoit ce matin-là mérite une attention particulière. Almunia a devant lui l'avenir de deux fleurons européens. Lafarge compte quelque 113 usines de ciment dans le monde et 42 stations de broyage dans 56 pays. Sans oublier les 475 sites de granulats. Ce qui fait de Lafarge le quatrième producteur mondial de béton prêt à l'emploi. Le

Suisse est tout aussi imposant, avec un millier de sites de production dans 70 pays. Les cimentiers sont les mauvais élèves de l'industrie mondiale et transgressent régulièrement les règles qu'il a pour mission de faire respecter.

Le rendez-vous s'avère beaucoup plus agréable qu'imaginé par les trois protagonistes. Rolf Soiron et Bruno Lafont arrivent avec un plan très cohérent. Ils vont céder à peu près 15 % de leurs actifs afin d'éviter les situations de position dominante. La Commission prendra plusieurs mois pour étudier le dossier et rendre une décision, mais ils repartent confiants : « Je comprends la logique, conclut Almunia. Faites-nous des propositions de désinvestissement. » Les termes du contrat sont ciselés avec les banquiers respectifs, les plus importants de la place, Zaoui, Rothschild et Goldman Sachs.

Lafont et Soiron n'ont plus de secrets l'un pour l'autre. C'est du moins ce qu'ils pensent. La réalité est tout autre. Le Suisse, qui doit quitter ses fonctions en mai, sait que les Zurichois ne sont pas si bien disposés qu'il y paraît vis-à-vis des Français. Ils attendent le moindre faux pas pour rééquilibrer ce mariage entre égaux à leur profit. Lafont, lui, ne s'épanche à aucun moment sur les difficultés rencontrées par Lafarge en Syrie. Le 24 février, il a reçu sur sa boîte mail les plaintes d'un ancien responsable des ressources humaines de Jalabiya. Un cadre de Damas licencié qui affirmait avoir été enlevé à Manbij en raison de son appartenance à Lafarge. Il accusait le directeur de l'usine et le groupe de n'avoir pas levé le petit doigt ni aidé au paiement de sa rançon pour obtenir sa libération. Il dénonçait aussi les conditions de travail des salariés, dont la vie serait en danger. Christian Herrault, son directeur général adjoint chargé de la zone, et Jean-Claude Veillard, le « monsieur sûreté » du groupe, l'ont rassuré. Le gars serait un mauvais coucheur qui avait sans doute simulé l'enlèvement et cherchait en même temps à se venger et à soutirer de l'argent. Reste que la situation de Lafarge Cement Syria ne s'arrange pas. Les forces kurdes contrôlent encore les abords du site, mais ils sont désormais totalement encerclés dans un rayon d'une trentaine de kilomètres par Daech.

La journée du 4 avril se termine sur les chapeaux de roues. L'agence Bloomberg prend de court Lafarge et Holcim, et publie une première dépêche sur le projet de fusion. L'hypothèse d'une fuite avait été envisagée, et les deux groupes confirment rapidement par un communiqué des négociations commencées et dévoilent la tenue d'une conférence de presse le lundi suivant. Un long week-end s'annonce. Au siège de la rue des Belles-Feuilles, les projets pharaoniques de Bruno Lafont sont restés secrets pour la plupart de ses collaborateurs. Christian Herrault n'est informé qu'une semaine avant l'annonce officielle.

Lafont fait partir un communiqué interne et réunit les managers présents dans le vaste hall d'entrée. Sa brève annonce tombe dans un silence glacial. Décidément, ce n'est pas un orateur. Il vante le côté « gagnant-gagnant » de l'opération qui permettra de devenir le « leader mondial des matériaux de construction ». « Nous pensions que nous l'étions déjà, marmonnent les vieux grognards. On n'a pas encore digéré l'absorption d'Orascom et voilà qu'il faut s'allier avec les Suisses ! » Un scepticisme partagé au plus haut niveau de l'encadrement, notamment par Christian Herrault, l'un des adjoints de Bruno Lafont : pour lui, ce projet est une « aberration notamment sur le plan culturel ». Il va voir Bertrand Collomb pour le lui dire, mais il ne veut pas s'opposer à Bruno Lafont et aux grands actionnaires : « Chez Lafarge, des principes d'action à portée universelle ont façonné les valeurs et la culture du groupe avec une grande attention aux cultures locales ; il y a une forme de génotype : on est Lafarge et en même temps on est syriens en Syrie, africains en Afrique... là c'était une décision de business, d'actionnaires avec des motifs essentiellement financiers[1]. »

1. Entretien avec les auteurs, le 25 avril 2024.

La belle ne semble pas prête pour la noce. Le renoncement à l'indépendance de Lafarge plonge les salariés dans l'inquiétude. Les plus anciens, le « canal historique », comprennent qu'un modèle est en train de disparaître. Ils se méfient déjà des Suisses-Allemands et savent que ces derniers ne les aiment pas. Fort heureusement, les sentiments n'ont pas grand-chose à voir dans les mariages de raison. Et pourtant.

Lors de la conférence de presse, Rolf Soiron, président du conseil d'administration de Holcim, et Bruno Lafont donnent un véritable show, savamment orchestré. Sur la Radiotélévision suisse (RTS), le célèbre présentateur Darius Rochebin annonce « des noces de béton », entre la dynastie suisse des Schmidheiny et le géant français. Une « fusion d'ampleur planétaire ». Sur la photo, Soiron et Lafont échangent une poignée de main complice. Les marchés financiers, les experts, les journalistes, les gouvernements et même la Commission européenne sont séduits par cette idylle naissante et inattendue entre les deux mastodontes européens. Ou du moins n'ont rien trouvé à redire. Sur la RTS, Darius Rochebin lance le reportage suivant : une enquête sur le départ depuis la Suisse de candidats au djihad vers la Syrie. Un étonnant signe du destin.

9

Mariage en fusion

Des fiançailles enthousiastes, une lune de miel. Mais en coulisses, les deux familles rongent secrètement leur frein. Tels des Capulet et des Montaigu franco-suisses, les deux clans acceptent difficilement ce projet d'union entre des maisons qui se sont jalousées et épiées pendant près de cinquante ans. Les préparatifs, faits de cessions pour satisfaire les lois antimonopoles et d'inventaires des patrimoines respectifs, cheminent cependant. En janvier 2015, Bruno Lafont et Wolfgang Reitzle, le successeur de Soiron à la présidence du conseil d'administration de Holcim, réaffirment leurs intentions sans rien laisser paraître de leur manque d'affinités personnelles. Le style alémanique revendiqué de l'un et le manque de formalisme de l'autre ne faisant pas bon ménage. Un mois plus tard, afin de satisfaire aux exigences de la Commission européenne, les deux groupes annoncent qu'ils s'apprêtent à vendre au cimentier irlandais CHR quelque 6,5 milliards d'actifs situés en Europe, au Canada, au Brésil et aux Philippines.

Le jour J se rapproche sans qu'à Paris personne ne prête attention aux nuages qui s'amoncèlent en ce début d'hiver. Côté Holcim, du Russe Galtchev, l'encombrant ami de Poutine, à l'investisseur institutionnel Éthos, qui regroupe 200 fonds de pension, les actionnaires rechignent de plus en plus bruyamment. Thomas Schmidheiny, le premier d'entre eux, pourtant à l'origine de cette idée de fusion, laisse même filtrer un certain agacement. L'arrangement selon lequel un titre Lafarge serait échangé contre un titre Holcim, le fondement même du mariage entre égaux, la *baseline* du scénario rose, ne paraît plus très équitable de l'autre côté des Alpes. En janvier, la banque centrale suisse a abandonné le cours plancher du franc suisse, qui a gagné 20 %, ce qui renchérit la valeur du zurichois. Au moment où les performances de Lafarge en 2014 sont moins brillantes qu'espéré. Le chiffre d'affaires et les résultats sont à la baisse.

Au début du mois de mars 2015, Reitzle prévient Bruno Lafont qu'il lui apparaît inévitable de revoir les conditions initiales de parité. La rumeur de l'existence d'un rapport commandé à une banque par le conseil d'administration de Holcim se répand à Paris. La conclusion serait que 59 % des bénéfices de la nouvelle entité seraient le fruit du travail de Holcim et seulement 41 % de celui de Lafarge. L'information produit l'effet escompté. Elle déstabilise Lafarge et Bruno Lafont.

Mais le coup de grâce intervient le dimanche 15 mars. Bruno Lafont, qui parle allemand, reçoit un appel de ce cher Wolfgang Reitzle. Laconique, ce dernier le prévient, « par courtoisie », qu'il lui transfère une lettre sur sa boîte mail dans l'après-midi. Lorsqu'elle arrive, le contenu relève de l'humiliation. Le Suisse lui explique en substance qu'il faut renégocier les termes du contrat et qu'il ne veut plus de lui au poste de numéro 1. La poursuite des négociations est soumise à ces deux conditions, elles, non négociables. Bruno Lafont fulmine. Il n'a jamais eu confiance dans le successeur de Soiron, mais de là à imaginer un tel affront. Il décide de réunir en urgence le conseil d'administration de Lafarge SA, le jour même. Le représentant des salariés, Luc Jeanneney, vivant en Île-de-France, saute dans un métro pour rejoindre le siège parisien, où il retrouve Bruno Lafont pour cette réunion de crise dominicale ; la plupart des administrateurs se connectent, eux, à distance par téléphone. L'ère des conférences par Zoom n'a pas encore commencé.

En arrivant, quelques heures plus tard, Jeanneney[1] est surpris par l'agitation qui règne dans les couloirs. Il croise des experts et des avocats, des membres du comex, le comité de direction de Lafarge, leur mobile accroché à l'oreille, déambulant dans les étages. Une première session commence à 19 h 30. Une seconde est programmée à 23 heures. Il faut décider d'une réponse. Jeter le gant au visage de la partie devenue adverse ou courber l'échine et accepter les nouvelles exigences de Holcim. Les discussions s'étirent dans la nuit. Bruno Lafont répète qu'il ne veut pas être un obstacle à la fusion. Les dépêches de l'agence de presse financière, Bloomberg News, visiblement très bien informées par des sources « anonymes », relatent les événements en direct. Le lendemain, un communiqué du groupe suisse rend le différend public en annonçant que son assemblée générale du 13 avril prochain ne portera pas sur le rapprochement avec Lafarge comme cela avait été programmé. Il attribue ce contretemps à l'attente des décisions de diverses autorités sur les ventes de filiales. Mais le texte ne cache rien de la demande de révision des conditions de parité entre les deux groupes et de gouvernance. Vingt-quatre heures plus tard, le groupe Lafarge déclare qu'il est prêt à prendre en compte les évolutions du

1. Rencontre avec les auteurs le 25 avril 2024.

marché, en clair de revenir sur le un pour un, mais qu'il ne fera aucune concession supplémentaire.

Pourtant, Bruno Lafont sait déjà qu'il est condamné. Son poste de président d'un empire de quelque 32 milliards d'euros, un leader mondial, n'est plus qu'un rêve. Le Groupe Bruxelles Lambert (GBL) n'a pas l'intention de laisser s'envoler sa seule chance de se refaire. Son investissement dans Lafarge s'avère une très mauvaise affaire, et il n'a pas l'habitude de perdre de l'argent. GBL se retrouve à la tête d'une entreprise très endettée. Le groupe belge a acquis ses actions au prix moyen de 85 euros l'unité, soit un coût global de 4 milliards d'euros. Elles ne valent plus qu'une quarantaine d'euros. Albert Frère et Paul Desmarais fils ne sont pas prêts à accepter une perte de quelque 2 milliards d'euros. Les 350 millions d'indemnités dues par celui qui renoncerait à la noce seraient loin de les compenser. Et les perspectives de développement au Moyen-Orient s'éloignent de jour en jour. L'usine de Syrie – occupée par Daech depuis septembre 2014 – vient d'être libérée, mais personne ne sait quand elle pourra redémarrer, si elle redémarre un jour. Elle était la pépite – en devenir. Au moment du rachat, Orascom représentait un engagement financier (12 milliards) pour Lafarge égale à la moitié de sa nouvelle valeur.

Le lundi matin, les grands actionnaires, Gérard Lamarche, Paul Desmarais, Oscar Fanjul, Jérôme

Guiraud arrivent à Paris. Rue des Belles-Feuilles, les conseils d'administration et les comités restreints se succèdent. Mardi, les administrateurs ont rendez-vous à 12 heures dans la salle du conseil. La réunion dure plus de deux heures. Pendant cette période tourmentée, Bertrand Collomb, président honoraire, sans droit de vote, hésite à intervenir pour tenter de sauver la tête de Bruno Lafont. Collomb n'a plus aucun pouvoir, mais son aura de grand patron lui confère toujours une autorité particulière. Il constate que son successeur ne se bat plus et sent le piège de la fusion se refermer progressivement. Fallait-il accepter le transfert à Zurich du siège social du nouvel ensemble ? La fiscalité avantageuse n'aurait pas dû peser dans la balance. C'était un premier signe de soumission vis-à-vis de Holcim. Lafarge avait pourtant des richesses managériales, industrielles à faire valoir. Une inventivité supérieure. Désormais, les Suisses ne feront plus aucune concession. Ils ont gagné la bataille psychologique, la plus importante.

Jeudi 19 mars 2015, Bruno Lafont se rend à Zurich pour rencontrer Reitzle. Un aller-retour rapide. À 17 h 30, il rentre à Paris et assiste au départ à la retraite de l'un de ses fidèles, Jean-Carlos Angulo. Cet ingénieur diplômé de l'École des mines de Nancy, entré chez le cimentier en 1975, faisait partie de son équipe de choc. En

2007, lorsqu'il avait accédé à la direction, il l'avait appelé à ses côtés. Homme peu volubile, le patron en sursis de Lafarge adresse de bien chaleureux mots à l'attention du récipiendaire. Entre deux coupes de champagne, il évacue l'amertume par quelques formules bien senties sur l'arrogance et les égos surdimensionnés des Suisses. Mais le siège de la rue des Belles-Feuilles s'improvise en théâtre de sa défaite. Un drame shakespearien se joue devant la soixantaine d'invités. Un roi va mourir défait par les sombres calculs de ses alliés d'hier. Il a trop cru en lui et en sa victoire future, oubliant les chausse-trappes et les complots ourdis sur son passage. Dans la salle de réception du septième étage, les regards sont éloquents. On lui reproche de s'être pensé invincible et d'avoir sacrifié les siens en vain. Le lieu a déjà perdu le lustre de sa gloire passée. De nombreux bureaux ont été vidés, les départs, certes généreusement financés, s'enchaînent.

Quelques heures après cet intermède, dans la nuit du jeudi 19 au vendredi 20 mars, le rideau tombe sur une triste tragi-comédie. Dans le monde des affaires comme dans celui de George Orwell, il y a toujours des plus égaux que d'autres. Il faudra dix actions Lafarge pour équivaloir neuf Holcim, le siège de l'entreprise reste à Zurich, cinq membres de chacun des deux groupes participeront au conseil d'administration et Bruno

Lafont ne dirigera pas LafargeHolcim. Il lui est réservé un rôle de coprésident non exécutif, partagé, ironie de l'histoire, avec son pire ennemi, Wolfgang Reitzle. Celui d'un roi sans couronne.

À la fin du mois de mars, tout le monde se retrouve en terrain neutre, à Bruxelles, dans le luxueux cabinet d'avocats international Cleary Gottlieb, situé dans le quartier de l'Europe, à quelques encablures de la Commission, pour purger les *due diligences*, ces opérations de vérifications opérées par un investisseur avant de réaliser son achat. Autour de la table, les juristes, les banquiers, plusieurs cadres des deux entreprises entourent Bruno Lafont et Wolfgang Reitzle. Une sorte de visite chez le notaire avant le passage devant l'officier d'état civil. Depuis douze mois, des experts de tout poil ont mis leur nez dans les livres de comptes, ont interrogé les cadres des deux maisons, se sont déplacés sur certains sites ou pays lorsque des questions restaient en suspens. Des sous-réunions région par région – dont l'une consacrée au Moyen-Orient – ont été organisées. Les positions de chacun sont scrutées à la loupe. C'est le bilan de ce travail d'investigation qui est délivré lors de ce rendez-vous. Aucune des deux parties ne doit être flouée, et il faut vérifier sur pièces les promesses. Pendant cette période, l'usine de Jalabiya, en Syrie, a été prise d'assaut par les fous furieux de Raqqa, ces nouveaux djihadistes nés de la guerre civile en Syrie. L'activité est à l'arrêt ; Lafarge n'a plus accès à sa cimenterie.

Les pontes de Holcim ont bien vu que cet actif a été ramené à zéro en décembre 2014. Sans poser plus de questions. Il n'était certes pas possible de se rendre sur place. Et pour cause. Mais ni le directeur de l'usine, ni le patron du pays – Frédéric Jolibois[1] –, ni son prédécesseur Bruno Pescheux[2], qui a vu construire la cimenterie et travaille toujours chez Lafarge au Kenya, n'ont été interrogés par les émissaires de Holcim. La filiale syrienne développée depuis 2008 après le rachat de l'égyptien Orascom n'est pourtant pas anecdotique dans la valorisation du groupe français. Mais il faut aller vite. Avant de se quitter, les représentants de Holcim ont posé la question de confiance : « Est-ce qu'il y a quelque chose d'important qui n'est pas dans les documents que vous devriez partager avec nous ? » Aucune réponse. Le mariage est officialisé le 10 juillet 2015. Sans tambour ni trompette. *Exit* Bruno Lafont. Un nouveau patron est nommé à la tête de LafargeHolcim, Éric Olsen, l'ancien DRH du cimentier français.

1. Entretien avec les auteurs.
2. *Ibid.*

10

Projet Alpha

Loin de Paris et Zurich, où les grandes manœuvres de rapprochement entre Lafarge et Holcim se concluent, la colère gronde. Elle prend la forme d'une page Facebook baptisée « Jalabiya plant » (usine de Jalabiya), animée par d'ex-employés syriens de Lafarge. Elle a été créée le jour même de l'évacuation chaotique de la cimenterie, le 19 septembre 2014. Les employés tentent alors de prendre des nouvelles de deux d'entre eux, Johnny et Philip, de confession chrétienne, qui ont disparu. S'ensuit une image de l'usine enveloppée dans un épais nuage de fumée noire. Le lendemain, l'administrateur (anonyme) de la page souligne la fierté des employés syriens d'avoir servi Lafarge malgré des conditions de travail difficiles. Rapidement, le ton change. Les employés s'enquièrent de savoir s'ils vont recevoir leurs salaires[1], relèvent que Manbij – où la plupart étaient logés – est occupé par Daech depuis un an et que – contrairement à ce qu'affirme Lafarge dans sa communication officielle – ils n'ont pas été exfiltrés par le groupe, mais se sont enfuis par leurs propres moyens. Photos à l'appui : les trois véhicules dans lesquels ils se sont entassés. Ils ont le sentiment d'avoir été sacrifiés alors que l'imminence de l'attaque était « claire ». Daech s'est emparé des milliers de tonnes de ciment entreposé dans les silos. Des vols de matériel à l'intérieur de l'usine sont également signalés. Une prise de guerre pour les djihadistes. Frédéric Jolibois, patron de Lafarge en Syrie (alors installé en Jordanie), se veut néanmoins serein : en interne, il préconise de ne pas réagir : « Nous suivons la situation. »

La vengeance est un plat qui se mange froid ou encore tiède. Au fil des mois, l'administrateur de la page Facebook tourne en dérision le slogan de l'usine « *Security first* » (la sécurité d'abord) en « Humanity last !! » (l'humanité en dernier). Les ex-employés, éparpillés entre la Turquie, la Syrie et, pour certains, en route vers l'Europe, accumulent les pièces à charge. Le 1er juin 2015, un post sur Facebook en anglais aborde une nouvelle

1. Lafarge assure avoir payé les salariés pendant quinze mois et en avoir réaffecté certains dans d'autres pays.

thématique, plus menaçante : « Quelle est la vérité sur la relation entre ISIS et Lafarge Syrie ? Nous publierons bientôt tous les détails de cette relation, y compris la coopération et le financement par la direction de Lafarge Syrie. » Depuis la Syrie, les employés suivent de près le rapprochement entre Lafarge et Holcim, relaient même des articles racontant la fusion et publient le nouveau logo du groupe. Le 3 août 2015, l'administrateur évoque sur le réseau social des « accords secrets » entre Lafarge et les groupes armés pour « faciliter le passage des camions » et « assurer la protection de l'usine ». Parmi eux, le groupe État islamique. Et de détailler la mise en place du dispositif pour payer Daech sans que Lafarge apparaisse officiellement, *via* un bureau « fictif » à Manbij.

Au siège parisien du cimentier, ces échanges ne semblent pas inquiéter outre mesure. Rien ne filtre à l'extérieur en dehors de ces échanges. De simples maîtres-chanteurs qui ne supportent pas de ne plus avoir de boulot. Le manager syrien de l'usine, Mamdouh al-Khaled, se sent, lui, en danger à la suite de ces publications (où il est cité nommément). Frédéric Jolibois lui répond qu'il ne sert à rien de s'angoisser : « Ces dernières années, beaucoup de messages ont été publiés sur Facebook. Ceux de ces derniers jours n'ont révélé aucune preuve sur des actes illicites[1]. » L'administrateur persiste et signe. Il écrit rageusement en lettres capitales : « #LAFARGE_FUNDING_ISIS » (« Lafarge finance l'EI »). Puis… plus rien. Un répit de courte durée.

En février 2016, le site en ligne d'opposition syrien Zaman al-Wasl, probablement informé par d'anciens employés, prend le relais de ces accusations. Fondé en 2005 à Homs, enregistré dans le Colorado (États-Unis[2]), considéré comme proche du Qatar et de la Turquie[3], il publie un premier article sous le titre « L'entreprise française de ciment achète du pétrole à l'EI ». Pièces à l'appui. Il produit des échanges de mails plus vrais que nature entre Bruno Pescheux, l'ex-patron de LCS, et certains employés concernant l'achat de fuel dans des zones administrées par Daech. Le site met surtout en ligne un document explosif, un laissez-passer à en-tête du groupe État islamique (des lettres blanches sur fond noir) visé par le « directeur financier de la *wilaya* (province) d'Alep ». Daté du 11 septembre 2014, il autorise le chauffeur transportant du ciment Lafarge à circuler sur un axe

1. Échange de courriels entre Frédéric Jolibois et Mamdouh al-Khaled le 7 août 2015 intitulé « Nouveaux posts dangereux sur Facebook ».

2. https://www.whois.com/whois/zamanalwsl.net.

3. Sollicitée par courriel, la direction de la rédaction n'a pas donné suite à nos questions.

contrôlé par les terroristes. Ces articles publiés loin de Paris sur un site confidentiel, en langues arabe et anglaise, n'ont aucun écho dans la presse française. Frédéric Jolibois, directeur de Lafarge en Syrie, prend néanmoins l'initiative de réagir auprès d'un conseiller de l'ambassade de France à Amman (Jordanie) avec lequel il est en relation depuis plusieurs mois. Il lui confirme avoir été contacté par l'un des journalistes du site, mais avoir refusé de répondre, arguant qu'il ne s'agissait que de « rumeurs[1] ». Il précise à son interlocuteur que les informations, qu'il qualifie de « calomnieuses », et les documents cités dans l'article peuvent provenir d'« anciens employés de l'entreprise ». Il nomme l'ancien responsable des services informatiques, réfugié en Allemagne, qui se « serait introduit dans la boîte mail du responsable de l'usine Lafarge ». Il glisse également le nom d'un ancien consultant et celui de l'ex-responsable des ressources humaines. Ces trois personnes auraient en commun d'avoir quitté la Syrie et de ne « pas être éligibles au versement d'indemnités dans le cadre du plan social ». Une sombre vengeance, donc. Jolibois se rassure en relevant que le « retentissement de la publication est faible ».

Au sein de LafargeHolcim, ces articles alertent néanmoins le service conformité de l'entreprise.

1. Le conseiller a résumé l'entretien avec Frédéric Jolibois dans une note diplomatique en date du 24 février 2016.

Derrière ce vocable anglo-saxon (il s'agit de la traduction de *compliance*), ce département a pour vocation de « prévenir et détecter les risques », et d'enquêter sur d'éventuels faits de corruption ou financements suspects. Sa responsable, une certaine Mme Waddy, juriste américaine recrutée par Holcim, s'empare du dossier. Ces accusations sont susceptibles d'écorner la réputation de la nouvelle entité franco-suisse. Du côté de Zurich, les managers sont soucieux de préserver une réputation aussi lisse que les eaux du lac de la ville : ne va-t-on pas leur reprocher d'avoir accepté un mariage en ayant eu connaissance de ces arrangements troubles avec des djihadistes ?

Laurie Waddy commence son enquête. Dans un premier temps, elle s'attache à vérifier l'authenticité des accusations, à s'assurer que l'organisation répond aux normes internationales et à lui demander de se mettre rapidement au carré si ce n'est pas le cas. Elle rend compte en temps réel à son supérieur, Xavier Dedullen, le directeur juridique du groupe, un Belge au profil très international qui a débuté sa carrière dans un cabinet privé à New York et qui n'est pas homme à plaisanter avec les process et le droit. La première étape est de « préserver » les documents en lien avec l'enquête en cours. Mme Waddy se rend rue des Belles-Feuilles, où elle est accueillie dans une ambiance polaire. Éric Olsen, nouveau PDG de LafargeHolcim, lui fait, selon elle, clairement comprendre son hostilité. Il ne croit pas à cette histoire de financement du terrorisme.

En 2015, Olsen a été choisi pour devenir le premier PDG du nouveau groupe, car il appartient à la partie française, mais avec un profil anglo-saxon, très éloigné de la culture maison. Un recrutement Canada Dry pour respecter les engagements du mariage entre Lafarge et Holcim d'opter pour un directeur français sans incarner réellement l'« arrogance » parisienne qui agace tant les Suisses. Olsen est un pur produit *made in USA*. Cela s'entend et se voit. On l'imagine plus facilement le dimanche, une casquette vissée sur la tête, dans un stade de football américain qu'à la cérémonie annuelle des anciens de Franklin, lycée jésuite des bonnes familles de l'ouest parisien, où Bruno Lafont a usé la flanelle de ses pantalons. Né en 1964, à Easton, en Pennsylvanie, Olsen a fait ses études à Chicago avant de décrocher un diplôme de l'université du Colorado, qu'il a complété en France par un MBA. Entre 1991 en 1993, sur le campus de HEC, il a acquis une excellente maîtrise du français avant de retourner aux États-Unis. En 1999, lorsqu'il entre chez Lafarge, c'est de l'autre côté de l'Atlantique, dans la filiale nord-américaine, où il intègre la fonction financière. Il rêve davantage des grands espaces canadiens, où il a acheté un chalet, que d'un retour en France.

Lorsqu'en 2007 Lafarge décide de prendre le contrôle à 100 % de sa filiale nord-américaine, c'est Olsen qui défend – fort bien – les intérêts des minoritaires. Le cimentier français a les yeux de Chimène pour l'Oncle Sam, et Bruno Lafont, devenu patron du groupe, repère ce négociateur talentueux. Il le nomme à la direction des ressources humaines pour parfaire ses compétences managériales. Le transfuge a le sentiment d'atterrir sur une étrange planète en débarquant au siège parisien. Un environnement bien éloigné de l'activité industrielle de son employeur ! Quelle n'est pas sa surprise de découvrir que l'un de ses voisins de bureau travaille sous le regard bienveillant de la statue en plâtre de 50 centimètres de haut de saint Benoît Labre, le pèlerin ermite qui avait prédit au XVIIIe siècle aux fondateurs de l'entreprise leur fortune cimentière : « La montagne fera votre prospérité. » Cette culture vieille France, baptisée à l'eau bénite, accomplie dans les écoles qui mènent aux grands corps de l'État, mariée dans les rallyes du Pré Catelan ou de l'Interallié, représente ce que les Zurichois de Holcim exècrent particulièrement. L'entre-soi parisien qu'incarne Bruno Lafont les insupportait. Et ils ont été ravis de le remplacer par Olsen. Avant l'affaire syrienne, les Suisses, ou du moins une grande partie d'entre eux, avaient tenté de dissimuler leurs réels sentiments. Mais aujourd'hui, les masques tombent. Holcim, qui s'appelle pourtant désormais LafargeHolcim, ne fera aucun cadeau à la partie française.

Le 3 juin, Laurie Waddy, la juriste, saisit ordinateurs, clés USB et documents papier en lien avec la Syrie, notamment les comités sûreté rédigés par Jean-Claude Veillard. Ce dernier lui « balance tout dans les mains », invoque le fait que la « sécurité nationale est en jeu » et que ces documents comportent du « renseignement militaire ultra-secret[1] ». « Pour qui se prend-il ? » s'offusque Mme Waddy, qui prend soin néanmoins de ne pas faire sortir ces pièces de France. Les dirigeants de Lafarge ne comprennent pas cette défiance venant du front intérieur et s'attendraient plutôt à un soutien franc et massif. Ils perçoivent l'arrivée de Mme Waddy comme un geste hostile. À l'issue de cette enquête préliminaire, Xavier Dedullen juge que l'affaire a le « potentiel d'être grave ». Il ne lui faut en effet pas longtemps pour s'apercevoir qu'il y a un très gros problème. Dans les archives de l'ancien comité d'audit, l'activité syrienne est cartographiée en zone rouge depuis 2012. Un premier rapport d'enquête a été demandé, mais jamais exécuté. La situation sur place ne permettait pas de se rendre sur site et encore moins de procéder à une évaluation sérieuse. En 2013, *bis repetita*. Nouvelle commande d'expertise par le comité d'audit. La région du nord de la

1. Audition comme témoin de Laurie Waddy le 23 avril 2018.

Syrie, où se situe la cimenterie, est d'autant plus impraticable. En 2014, l'usine, occupée par l'État islamique, aurait été détruite par un incendie. Le dossier avait été classé.

Au moment où le service *compliance* finalise ses premières conclusions, *Le Monde* affiche en une, le 21 juin 2016, une enquête intitulée « Les troubles arrangements de Lafarge avec l'EI[1] ». Sobre, mais ravageur. Dans un pays traumatisé par le terrorisme depuis les attentats de 2015, l'information produit un effet dévastateur. Le commando qui a attaqué les terrasses parisiennes et le Bataclan avait pris ses ordres de Raqqa, la ville contrôlée par Daech, à 85 kilomètres de la cimenterie de Lafarge, dans le nord de la Syrie. L'idée que l'argent de leur entreprise ait pu alimenter les caisses du djihad tétanise la Rue des Belles-Feuilles. Jean-Claude Veillard, contacté par les journalistes du *Monde* avant la sortie de leur explosif dossier, aurait voulu s'exprimer, le service communication n'était pas opposé. Mais la direction a imposé le silence.

Depuis que la plupart des organes stratégiques du groupe ont été transférés à Zurich, le siège français a perdu de sa vitalité. Les salariés encore présents refusent de croire aux révélations du quotidien du soir. Certains imaginent même qu'il s'agit d'une nouvelle manipulation des Suisses

1. *Le Monde*, 21 juin 2016.

pour affaiblir encore l'héritage Lafarge. *Le Monde* détaille le système que le cimentier aurait mis en place pour survivre en terrain hostile. Coûte que coûte. Apparaît dans ce dossier un nouveau personnage, le « Dr Taleb », à savoir Amro Taleb[1], consultant pour Lafarge Cement Syria. Officiellement recruté par Bruno Pescheux pour des missions liées à l'environnement, ce Syro-Canadien trentenaire au profil trouble aurait été l'un des rouages secrets de Lafarge pour commercer avec Daech. Le cimentier répond au journal que la « situation était très compliquée et évolutive en Syrie en 2014-2015 » et qu'il lui est « très difficile de réagir à des courriels sans avoir tout vérifié ». En interne, chacun veut assurer ses arrières et vérifie ses boîtes mail pour savoir qui a échangé avec qui pour dire quoi... Jean-Claude Veillard, le « monsieur sûreté » du groupe, contacte Jacob Waerness, son correspondant en Syrie, *via* sa boîte mail personnelle pour lui demander une chronologie précise des événements. Il juge utile de souligner qu'il avait tiré la sonnette d'alarme « niveau 4 » depuis longtemps, mais qu'il n'a jamais « été entendu ». Christian Herrault, numéro 2 du groupe, chargé du Proche-Orient, se fend lui le 29 juin 2016 d'un

1. Sollicité à plusieurs reprises, Amro Taleb n'a pas souhaité répondre aux questions des auteurs.

long « compte-rendu managérial » qu'il adresse à Bertrand Collomb, patron historique de Lafarge et membre du conseil d'administration de Lafarge-Holcim. L'argumentaire ressemble à s'y méprendre à un mémoire de défense en vue d'éventuelles turbulences à venir. Herrault rappelle que Lafarge a toujours eu une position « loyaliste », ne reconnaissant que l'autorité de l'État syrien et celle des Kurdes, puisque « nous étions en territoire kurde et que ceux-ci assuraient la protection de l'usine ». Il s'en remet à Firas Tlass, ex-actionnaire de la filiale syrienne et intermédiaire local quant à la gestion de l'« environnement immédiat » autour de l'usine, qui était « compliqué [*sic*] ». Il admet que la « montée en puissance de Daech dans la région à partir du 2e semestre 2014 a remis en cause la pertinence/viabilité de notre action ». Mais il martèle que le groupe n'a « jamais traité avec aucune organisation terroriste » et blâme l'« absence de service communication de poids au sein de l'antenne parisienne de LafargeHolcim » pour expliquer ce « désastre communicationnel ». Pour lui, aucun doute : « Le groupe a agi avec un vrai sens des responsabilités et dans le respect de ses valeurs. » Patron solidaire, Herrault prend son téléphone et appelle Pescheux et Jolibois pour les assurer de son « total soutien ».

Bruno Lafont, l'ex-PDG de Lafarge, co-président du conseil d'administration du nouveau groupe LafargeHolcim, en campagne de promotion de son livre intitulé *Ces grandes entreprises au cœur des transformations du monde*, doit s'expliquer sur France 24 : « Ces allégations ne correspondent pas à ce que nous sommes[1]. » Lafont aligne les éléments de langage (les valeurs du groupe, etc.), insiste sur le fait que la « priorité » a toujours été la « sécurité des personnes », mais ne s'engage que très mollement sur l'éventuel financement du terrorisme, qu'il ne dément pas formellement. « C'est notre Virenque. À l'insu de son plein gré », torpille Veillard lors d'échanges de mails avec Pescheux et Jolibois. Ce dernier, un rien désespéré, raconte qu'ils sont passés aux *Guignols*. D'où viennent les accusations ? Qui est derrière ? Quelques semaines plus tard, Veillard, Jolibois et Ahmad Al Jaloudi, le responsable sûreté de Lafarge en Syrie qui était sur la péniche la veille de l'attaque de l'usine, dressent les listes des noms de ceux qui pourraient être « derrière les attaques ». Parmi eux, Amro Taleb, l'intermédiaire controversé qui a envoyé de nombreux mails menaçants à Lafarge et a même rencontré... Bertrand Collomb, patron historique du groupe.

1. Le 28 juin 2016.

Éric Olsen appelle Gérard Lamarche, administrateur pour GBL de LafargeHolcim, récemment promu à la tête du comité d'audit ; ce dernier lui confie que Paul Desmarais, le milliardaire canadien actionnaire du groupe, qui gère de nombreux intérêts aux États-Unis, est « en panique », car cette affaire peut salir son image. La consigne est claire : « Il faut protéger Paul. » Le vent du désert syrien souffle dans les couloirs de la Rue des Belles-Feuilles. Et bien au-delà.

Le 22 juin, Gérard Lamarche et Beat Hess, nouveau président du conseil d'administration de LafargeHolcim depuis 2016, décident de lancer une enquête interne « indépendante ». Elle est confiée au cabinet d'avocats d'affaires international Baker McKenzie, avec lequel Holcim avait eu à gérer un sujet sensible dans le passé. Vu la complexité du dossier et l'éventualité de tomber sous le coup du Foreign Corrupt Practices Act (FCPA), l'extraterritorialité judiciaire américaine en matière de corruption, le dossier atterrit entre les mains de Ryan Fayhee, un associé américain du cabinet. Ancien procureur au département de la Justice américain, le redouté DOJ (Department of Justice), il s'avère être le spécialiste des poursuites dans le cadre de la sécurité nationale contre les entreprises qui contreviennent aux intérêts du pays. Une fine lame des affaires de délinquance économique, environnementale et de corruption qui a franchi le Rubicon. Le presque quadragénaire conseille désormais les grands groupes internationaux. Un homme réputé « dur » et « sans concession ». Nom du projet : « Alpha ». Le premier choix s'était porté sur « Cobra ». Il a été jugé trop agressif.

11

Le grand ménage

Depuis mi-2016, Olsen suit avec inquiétude l'enquête interne diligentée sur l'affaire syrienne. Il n'a pas caché qu'il n'en comprenait pas le bien-fondé. Mais les administrateurs ne l'entendent pas de cette oreille. La suspicion empoisonne la vie du géant né en 2015 de la fusion de Lafarge et de Holcim. Qui savait ? Les relations entre les nouveaux patrons suisses et les anciens cadres français deviennent exécrables.

Ryan Fayhee, l'ancien procureur américain, dispose de moyens qui feraient rêver tous les juges d'instruction de France. Budget quasi-illimité, auditeurs spécialisés et logiciels d'analyse ultra-performants. Le cabinet Baker McKenzie fournit les premières analyses sur les risques juridiques encourus par LafargeHolcim au regard de la loi anticorruption aux États-Unis. Pendant ce temps,

Xavier Dedullen chef du service *compliance* déploie un plan de collecte de données internes. Il envoie un mail à de nombreux collaborateurs impliqués de près ou de loin dans l'activité de l'usine de Jalabiya pour leur demander de conserver les documents pouvant intéresser Baker McKenzie. Son adjointe Laurie Waddy et un consultant du cabinet entendent longuement les directeurs successifs de la région syrienne, Bruno Pescheux et Frédéric Jolibois. Deux grands cabinets d'avocats sont recrutés en France et en Suisse. À Paris, Darrois-Villey remporte le marché. Christophe Ingrain, ancien magistrat, conseiller justice du président de la République Nicolas Sarkozy entre 2007 et 2012, prend les rênes du dossier. Les Suisses ont hésité avec un autre poids lourd du barreau parisien, Jean Veil, le fils de l'ancienne ministre de la Santé, pour son entregent. Mais ils ont préféré miser sur la puissance de feu du cabinet Darrois-Villey. Dans un premier temps, il s'agit de mesurer les enjeux pénaux de l'affaire aux États-Unis, en France et en Suisse.

En tant que PDG, Éric Olsen tente de prendre le contrôle des investigations, ou du moins d'y participer. En vain. Xavier Dedullen et Gérard Lamarche sont jaloux de leurs prérogatives. Pis, il sent progressivement qu'il est mis sur le banc de touche, ou plus exactement celui des suspects. Dedullen, Lamarche et Beat Hess sont régulièrement informés de l'avancée du projet Alpha. Cela n'est ni son cas ni celui de Bruno Lafont, l'homme de la fusion relégué depuis à un second rôle, celui d'administrateur honoraire. Comme la plupart des anciens membres du comex, ils doivent remettre à Baker McKenzie l'ensemble des documents numériques et papiers intéressant l'activité syrienne. Au total, le cabinet américain récolte 260 000 pièces entreposées dans un bureau sécurisé. Après un tri opéré par le logiciel d'intelligence artificielle qui sélectionne les plus pertinentes en fonction de mots-clefs, cent cinquante mille d'entre elles sont conservées chez un prestataire suisse. Le traitement de ces données est ensuite effectué par l'agence irlandaise de Baker McKenzie, à Belfast. PWC, un cabinet d'audit et d'expertise fiscale, ausculte les comptes. Une liste d'une centaine de personnes à entendre est établie. Avant de commencer ses interrogatoires, Fayhee – qui s'est déplacé au Liban, en Égypte – dispose d'éléments extrêmement détaillés, calendrier, mails, comptabilité, et d'une conviction de culpabilité. Début 2017, Baker McKenzie interroge tous les collaborateurs clés, dont Bruno Pescheux, Frédéric Jolibois, Jean-Claude Veillard, Bi Yong Chungunco, Christian Herrault, Éric Olsen et Bruno Lafont. Ils sont tous représentés par un conseiller juridique distinct, dont les honoraires sont payés par

LafargeHolcim, conformément à la décision du conseil d'administration en date du 14 décembre 2016.

Pour la plupart d'entre eux, la séance est traumatisante. Le cabinet Darrois-Villey a mis à disposition ses bureaux de l'avenue Victor-Hugo, à quelques enjambées du siège historique de Lafarge. Christophe Ingrain ou l'une de ses collaboratrices assiste aux entretiens, mais sans y participer véritablement. Chaque fois, le rituel est identique. Ryan Fayhee pose les questions sans état d'âme. Tel un rouleau compresseur. « Toujours avec le sourire », souligne l'un de ceux qui se sont retrouvés face à lui. Les hommes et les femmes sur la sellette n'ont pas accès aux documents ni aux sources qui les motivent. Parfois, Fayhee cite une déclaration compromettante, proférée par l'un sur le comportement d'un autre. À l'issue, ils n'ont pas non plus la possibilité de lire ce qui s'apparente à une déposition ou à un procès-verbal. Aucun d'entre eux ne sait ce qu'il sera retenu de ses propos. La colère des avocats qui les accompagnent, Sébastien Schapira, Daniel Soulez-Larivière, Pierre Cornut-Gentille..., ne change rien à l'affaire. Ils envoient des courriers de contestation à Baker McKenzie sans conséquences sur la suite des événements. Bruno Lafont est froissé des méthodes inquisitoires de la procédure et du manque d'égards dont il est l'objet en dépit de son poste. Il s'en ouvre à Beat Hess. En vain. Tous interprètent cette séquence comme une mise en accusation et se sentent présumés coupables.

Le 28 février 2017, Beat Hess organise un dîner au Baur au Lac, l'un des palaces de Zurich, avec la plupart des administrateurs. Éric Olsen et Bruno Lafont ne sont pas conviés. Le lendemain, le conseil d'administration se réunit officiellement, et Ryan Fayhee expose son rapport préliminaire dans un silence de mort. Les représentants des différents cabinets d'avocats internationaux qui ont apporté leur concours à Baker McKenzie sont également présents. Après une introduction de Gérard Lamarche, l'ancien procureur américain du département de la Justice déroule un réquisitoire sans appel. Entre 2011 et 2014, Lafarge aurait payé son partenaire commercial syrien, Firas Tlass[1], qui était censé redistribuer ces fonds à des groupes armés, dont l'État islamique, à partir de novembre 2013. Le cimentier aurait acheté des matières premières, y compris du fioul lourd, à des fournisseurs estampillés « Daech » ou en s'approvisionnant chez les terroristes. Au total, Lafarge aurait payé 5 millions de dollars à des intermédiaires en Syrie pour permettre le

1. Sollicité par les auteurs, Firas Tlass n'a pas donné suite aux questions qui lui ont été envoyées.

maintien des activités de son usine – dont 500 000 à destination du groupe État islamique –, contrevenant ainsi à la morale et au droit international. Enfin, la société aurait effectué des transactions en dollars pour la Syrie après 2011. Cela n'est pas qu'un détail. Cette dernière allégation expose la firme à des poursuites sur le territoire américain. La justice du pays s'est dotée d'un pouvoir extraordinaire, accepté par les autorités européennes. Elle est compétente pour agir contre une entreprise, même si l'infraction s'est conclue dans un pays tiers, entre deux parties qui lui sont étrangères, si les transactions litigieuses ont été payées ou compensées en dollars.

Face à ce réquisitoire aussi glaçant que le demi-sourire de Ryan Fayhee, Bertrand Collomb, l'héritier des principes édictés par les pères fondateurs du cimentier français, est gris comme un bloc de béton. À la retraite, il a repris du service en tant qu'administrateur du nouveau groupe, à la demande des Suisses, en 2015. Pour rassurer les salariés. Bruno Lafont fulmine sur son siège. Il finit par se lever et quitte la pièce. Suivi peu après par Éric Olsen. Ce dernier n'est pas étonné. Il n'en est pas moins dévasté. Il va sauter comme un fusible sous tension. Il prend conscience qu'il ne pèse rien face à ces juges. Au cours des douze derniers mois, il avait en permanence, dans l'oreillette, Gérard Lamarche, le représentant du groupe GBL au *board*, et Beat Hess, le nouveau président du CA de LafargeHolcim. Fayhee vient de passer en revue tous les personnages clés du drame syrien. Le portrait d'Olsen n'est guère flatteur. Selon Fayhee, en tant que DRH et responsable du comité sûreté du groupe, au moment où des bandes armées ont été payées pour permettre le passage des camions entrant et sortant de l'usine de Jalabiya, il aurait dû savoir. Et si ce n'est pas le cas, sa faute n'en est pas moins grande. Lors de son interrogatoire par Fayhee, Olsen a commis l'erreur de répondre à son procureur qu'il ne se souvenait pas que le sujet syrien ait été abordé devant lui ou qu'il avait dû s'absenter à ce moment-là. Le consultant de Baker n'a pas pardonné ce qu'il considère comme une légèreté. À un citoyen américain, qui plus est !

Bruno Lafont et Éric Olsen sont priés de démissionner. Le premier s'exécute dans la foulée. Le second entre en résistance. Dans son rapport, Baker McKenzie distribue les bons et mauvais points. Il précise que « le conseil d'administration de Lafarge SA était dans un premier temps inclus dans le champ de l'enquête », mais qu'il n'a finalement pas été nécessaire de l'élargir au « conseil d'administration dans son ensemble[1] ». Il est

1. Baker McKenzie, « Note de synthèse », 12 avril 2014.

également stipulé que les membres du conseil d'administration « pris individuellement » ne sont pas l'objet de l'« enquête ». En clair, aucun administrateur ni représentant des gros actionnaires (GBL, Sawiris, etc.) n'a été entendu par l'implacable Fayhee. L'opération Alpha est terminée.

Depuis l'exposé de Ryan Fahee qui l'accable, Olsen est passé deux fois devant les administrateurs pour présenter sa vision des faits et il a réussi à les convaincre. En tout cas, Hess et Lamarche n'ont pas obtenu de majorité pour le débarquer. Pourtant, ils espèrent pouvoir annoncer son départ, à l'issue du conseil d'administration du 24 avril. Mais les deux parties ne sont toujours pas d'accord sur les termes du contrat et du communiqué d'officialisation. Leurs avocats bataillent pour trouver un compromis. Le PDG ne veut pas que sa sortie soit interprétée comme un désaveu des actionnaires et laisse penser qu'il puisse avoir une quelconque responsabilité dans cette sombre affaire. Il a en outre le sentiment d'être poussé vers la sortie par Gérard Lamarche qui veut son poste. Éric Olsen entend qu'il soit clairement écrit dans le document diffusé aux médias qu'il n'est pas responsable des éventuelles fautes commises en Syrie. Il exige également de rester dans les effectifs du groupe jusqu'au 15 juillet prochain. Le dimanche 23 avril, veille du fameux Conseil d'administration, il n'a toujours pas de nouvelles de Beat Hess. Tard dans la soirée, il reçoit finalement le coup de fil qu'il attend. Le Suisse rend les armes. Le texte publié le lendemain répond à ses exigences. Beat Hess y salue sa contribution inestimable et exprime gratitude et reconnaissance. Le paragraphe suivant souligne explicitement qu'au sujet de la Syrie, Éric Olsen n'a jamais « été en aucune manière impliqué ni même informé d'actes répréhensibles ».

Pour obtenir ce résultat, le futur ex-DG a menacé de rendre publiques les tensions à l'intérieur de la maison LafargeHolcim. Hess avait compris qu'il n'hésiterait pas à passer à l'acte. La nouvelle compagne d'Olsen, ancienne directrice de la communication de Lafarge et d'Air Liquide, connaît de nombreux journalistes. Professionnelle respectée, elle dispose du carnet d'adresses idéal pour alerter toute la presse économique. Le faire-part de séparation ne laisse rien transparaître de ce bras de fer. Le démissionné, qui bénéficie d'un « *garden leave* », un préavis de douze mois rémunéré, mais non effectué, aura la fâcheuse surprise de découvrir que LafargeHolcim a fait démarrer cette période dès la mi-avril, c'est-à-dire au lendemain de la longue soirée de tractation entre les deux hommes, et non à la date officielle de son départ, fixé trois mois plus tard. Soit une perte sèche de 140 000 euros pour l'intéressé. Olsen a compris depuis plus d'un an qu'il incarne le passé français de Lafarge dont les Suisses cherchent absolument à se débarrasser. Ironie d'une histoire qui a mal tourné, il avait justement été choisi pour son profil anglo-saxon, loin des archétypes français qui déplaisaient tant aux Zurichois.

Partie III

Le jugement dernier

12

Les douaniers dans le béton

L'anonymat et la discrétion sont leur seconde nature. Leurs locaux reflètent l'image de cet incognito assumé. Les enquêteurs du Service national des douanes judiciaires (SNDJ[1]) occupent le deuxième étage d'un bloc de bureaux à la façade rouge, coincé entre le boulevard périphérique et le cimetière d'Ivry-sur-Seine. On ne vient pas ici par hasard. Inconnu du grand public, ce service ne dispose même pas d'enseigne pour signaler sa présence. Il n'est pas rare que les invités ou les personnes convoquées se perdent avant d'arriver dans les bureaux. Pour éviter ce type d'incident, on leur donne les coordonnées GPS de l'adresse.

1. Devenu Service d'enquêtes judiciaires des finances (SEJF) le 1er juillet 2019, puis Office national anti-fraude aux finances publiques (Onaf) le 1er mai 2024.

En son sein, près de 300 enquêteurs répartis partout en France[1]. Dans ces unités se dénouent les dossiers les plus sensibles. Point de cadavres, de scènes de crime sanglantes ou de braquages à la kalachnikov. Mais des enquêtes de moines bénédictins où les pièces à conviction sont des livres de comptes et des data financières.

Rattaché au ministère de l'Économie et des Finances, ce service brasse des univers aussi austères que divers : l'évasion fiscale, les escroqueries complexes (la résolution de l'affaire de la taxe carbone avec ses milliards envolés, c'est eux !), le blanchiment international… Les grands bureaux cloisonnés sont surchargés de documents, de cartons remplis de scellés et de sacs d'intervention destinés aux surveillances (micros pour sonoriser des appartements, caméras discrètes, etc.). Les sept groupes d'une dizaine d'enquêteurs et d'enquêtrices se partagent aussi des salles d'écoutes téléphoniques. Chacun a sa propre identité, sa propre décoration dans les bureaux (posters et autres cibles avec des fléchettes), ses propres cartes du monde (en fonction des affaires traitées), une salle de repos avec un canapé et une machine à café. Il y a aussi des geôles pour les gardés à vue

1. Au total, le SEJF, devenu Onaf, comprend neuf unités (Nord, Sud-Ouest, Antilles-Guyane, etc.). À Ivry-sur-Seine se trouvent l'état-major et l'unité de Paris.

au même étage. Pratique pour gérer les allées et venues. Souvent des escrocs en col blanc, des patrons plus ou moins connus, des suspects d'un bon niveau socioprofessionnel. Le dernier « VIP » à être passé à Ivry-sur-Seine : l'énigmatique Pavel Dourov, fondateur et patron de Telegram aux multiples nationalités (dont russe et… française).

Le service a une autre particularité : il est dirigé par un magistrat qui ne rend compte qu'au procureur ou au juge qui l'a saisi. Aucune information sur le déroulement des enquêtes n'est supposée remonter au ministère de tutelle, ce qui est censé éviter les instructions et pressions politiques. Cette unité est considérée comme l'une des plus indépendantes de France. Des incorruptibles façon XXIe siècle ! Pour cette raison, le SNDJ est très apprécié par le monde judiciaire. Ici, la stratégie est d'attaquer le milieu criminel par l'argent, sur le terrain fiscal façon Al Capone. Ses enquêteurs ont ça dans le sang : tracer des flux financiers illicites, démêler les escroqueries à la TVA. Une maîtrise de l'ingénierie du blanchiment.

L'inspecteur C., chef de groupe, est plongé depuis plusieurs mois dans les méandres de l'affaire des biens soupçonnés d'être mal acquis de Rifaat al-Assad, l'oncle de Bachar al-Assad. Un dossier complexe aux confins de l'escroquerie, de la diplomatie et de la politique. Ce douanier expérimenté a bonne réputation : « Intelligent, travailleur, respectueux », souligne un magistrat. « Une pépite », selon l'un de ses collègues. Derrière un physique passe-partout, un sac à dos sur l'épaule et un caractère constant, l'inspecteur C. a la réputation de ne rien lâcher, d'aller au bout de ses enquêtes. Il hérite avec son groupe de l'affaire Lafarge. Un dossier de plus. Lui et ses collègues sont déjà « sous l'eau ». Seule consolation… Il n'a pas besoin de décrocher le plan de la Syrie qu'il avait affiché dans son bureau.

La mission des douanes est purement… douanière. Elles se doivent d'établir si Lafarge a commercé illégalement avec la Syrie (non-respect d'un embargo) et violé les règlements internationaux qui ont restreint ou interdit les liens financiers avec l'État syrien et les groupes terroristes. La thématique n'est pas banale, le cheminement du dossier non plus : il fait suite à une plainte du ministre du Budget, Michel Sapin, adressée le 21 septembre 2016 au parquet de Paris. Une procédure rare. Les agents – soupçonneux par nature – s'interrogent. Pourquoi cette saisine directe du ministre ? Ne s'agirait-il pas d'un règlement de comptes entre les hiérarques socialistes Michel Sapin et Laurent Fabius, le ministre des Affaires étrangères, qui ne s'apprécient guère ? Dans leur dossier, les douaniers disposent de quelques maigres documents : les articles du *Monde* qui ont révélé l'affaire, une interview de Jacob Waerness, l'ancien responsable de la sûreté en Syrie, trois télégrammes de l'ambassade de France en Jordanie (datant de 2014, 2015 et 2016). Ces derniers relatent des réunions entre l'ambassadeur de France en Syrie et Frédéric Jolibois, dernier patron de la filiale syrienne de Lafarge. Dans le câble du 17 septembre 2014, deux jours avant l'attaque de l'usine, Jolibois reconnaît que les chauffeurs locaux s'arrangent avec les groupes armés (kurdes ou islamistes) pour obtenir des laissez-passer et faire circuler les camions Lafarge. Les enquêteurs exploitent également une série de courriels internes à la filiale syrienne qui ont fuité sur le site d'information Ayman al-Wasl. Ils semblent démontrer que le cimentier a payé Daech pour faire tourner l'usine. Ils s'interrogent une nouvelle fois : s'agit-il d'un « coup monté » ? Qui est derrière ce mystérieux site ?

Pour en avoir le cœur net, après quelques vérifications sur l'entreprise, les agents convoquent début 2017 plusieurs responsables du cimentier français. Tous sont entendus comme simples témoins : ils n'ont aucune obligation de venir, peuvent le faire avec un avocat et quitter l'audition à tout moment. Dans les bureaux défilent Bruno Lafont, Jean-Claude Veillard, Bruno Pescheux, Frédéric Jolibois, Sonia Artinian (ex-DRH), Christian Herrault, Bi Yong Chungunco (directrice du service juridique) et Éric Olsen. Tous nient l'idée d'un quelconque financement du terrorisme, mais les réponses de certains d'entre eux laissent les douaniers sans voix. L'audition est un exercice subtil où les enquêteurs « reniflent » les témoins, dont ils ont étudié au préalable les profils. Ils lisent entre les lignes et déchiffrent les attitudes. Jean-Claude Veillard, « homme de terrain », « militaire de carrière », attire leur attention : les agents pensaient avoir avec lui un face-à-face « au ras du sable syrien ». Il n'en est rien. Il tient un discours de « Parisien », minimise l'exposition de l'usine au danger, conteste qu'un attentat à la voiture piégée s'est produit à 10 kilomètres de l'usine le 7 juillet 2014 – « peut-être un gars qui s'est fait sauter » –, refuse de regarder une carte d'état-major de la région… « Ce type nous ment, se disent les douaniers. Il paraît peu vraisemblable qu'une personne aussi expérimentée soit si peu au courant de la situation d'une cimenterie dans un pays en guerre. »

Bruno Pescheux, qui succède à Veillard, fait les frais des hésitations du responsable sûreté. Les agents sont plus incisifs, tentent de le déstabiliser et y vont au bluff façon « nous savons que vous avez payé Daech ». La stratégie fonctionne. Pescheux confesse que Lafarge a rémunéré Firas Tlass, son partenaire local, qui distribuait une « obole » aux « factions rebelles » autour de l'usine. Objectif : faire en sorte que les employés ne soient pas « ennuyés ». Il précise le montant – « entre 80 et 100 000 dollars » versés du budget de

Lafarge Cement Syria vers Firas Tlass, qui, comptablement, devenaient des « frais de représentation ». Pescheux raconte avoir vu « une fois » le nom de Daech sur la liste de bénéficiaires de fonds, noté sur un « bout de papier », pour un montant « de l'ordre de 20 000 dollars ». Des frais « approuvés et signés par Christian Herrault[1] », son supérieur hiérarchique.

Les douaniers se frottent les yeux. C'est une bombe. Le patron de la filiale syrienne énonce ces éléments « naturellement », sans émotion. « Un pur financier qui était là pour régler un problème », souligne l'un d'eux. À la fin de l'audition, l'avocat de Pescheux lui fait préciser qu'il n'avait « pas le pouvoir de faire fonctionner l'usine » sans l'aval de sa hiérarchie. S'il doit sombrer dans les sables mouvants syriens, ce ne sera pas seul. Christian Herrault, chargé d'une quinzaine de pays, dont la Syrie depuis janvier 2012, évoque, lui, une économie de « racket » venant de Daech et évalue la somme versée pour acheter la tranquillité… en tonnes de ciment : 500 précisément. « Sachant qu'on a trois silos de 20 000 tonnes, est-ce qu'on va tout plier pour 500 tonnes ? » déclare-t-il. Sans mesurer l'effet de ses propos. Herrault parle d'une réunion en septembre 2011 à Gaziantep (Turquie), au cours de laquelle Veillard et Waerness

1. Audition de Bruno Pescheux devant les douaniers.

(responsable sûreté en Syrie) ont rencontré des milices de l'Armée syrienne libre (mouvement d'opposition). Le fameux *speed dating* de l'hôtel Tugcan ! Devant les douaniers, Herrault explique que c'est à ce moment que le système de paiements de taxes au profit des groupes armés (l'Armée syrienne libre et les Kurdes) aurait été mis en place[1] ! À l'époque, c'étaient les « bons qui rackettaient ». Herrault souligne enfin que « tous les six mois », il se rendait avec un de ses collaborateurs au Quai d'Orsay, qui les « poussait à rester » en Syrie.

Quant à Bruno Lafont, PDG de Lafarge, il se comporte en « Jupiter », au-dessus de ces contingences locales. Son audition se résume en « je n'étais au courant de rien ». Ou presque. Il déclare qu'il ne lisait pas les comptes-rendus du comité sûreté qui décrivaient la dégradation de la situation. Pas plus que les analyses chèrement payées auprès d'experts géopolitiques de la zone. Ou en tout cas, il n'en a tiré aucune conclusion, alors qu'il avait de manière incontestable le pouvoir de fermer l'usine. Au cours des auditions, aucun des témoins ne remet en cause la réalité des mails

1. Christian Herrault confirmera ce point lors d'une audition devant la juge d'instruction le 3 mai 2018 et lors d'une confrontation avec Bruno Lafont le 9 octobre 2018. Jean-Claude Veillard dément formellement.

diffusés par le site syrien. Trois d'entre eux reconnaissent avoir indirectement payé les groupes armés afin de faire tourner l'usine. Les enquêteurs n'en attendaient pas tant. Le chef de groupe rend compte à la vice-procureure de Paris chargée des affaires économiques et financières qui supervise l'enquête, Charlotte Caubel. La consigne lui est donnée de poursuivre ses investigations. Le 3 mai 2017, entre les deux tours de l'élection présidentielle, Mediapart publie un article[1] dans lequel il révèle que le directeur sûreté de Lafarge, Jean-Claude Veillard, a été candidat pour le Front national aux élections municipales à Paris en mars 2014. L'information sort le jour du très attendu débat télévisé entre Emmanuel Macron et Marine Le Pen. Celle-ci accuse son adversaire d'accepter le soutien de l'organisation islamique proche des Frères musulmans, l'UOIF en France. Macron réfute cette accointance, mais renvoie la balle : « C'est vous qui avez des cadres qui font des transactions avec Daech. Ce que Mediapart a encore révélé aujourd'hui. » Et de désigner « M. Veillard ». Marine Le Pen ne réagit pas. L'affaire prend soudainement une tournure politique. C'est l'affolement au parquet de Paris qui demande en urgence les conclusions de l'enquête en cours.

1. « Un candidat du FN a supervisé la collaboration de Lafarge avec Daech en Syrie », le 3 mai 2017.

L'inspecteur C. – alors en mission à l'étranger – est prié instamment de s'exécuter. Dans la synthèse expédiée deux jours plus tard, le 5 mai 2017, sont évoqués de forts soupçons visant Lafarge quant à l'existence d'un financement « indirect » de Daech. Les douaniers demandent l'autorisation de mener des perquisitions et la délivrance d'une commission rogatoire internationale.

13

Crimes contre l'humanité

Depuis six mois, une autre offensive se prépare contre Lafarge. Le 15 novembre 2016, l'ONG française Sherpa a déposé plainte avec constitution de partie civile pour « financement du terrorisme » et « complicité de crime contre l'humanité ». Une première mondiale (que les douaniers apprennent… par la presse) ! À la suite des articles parus dans *Le Monde*, les juristes de l'ONG ont collecté les témoignages, bâti une analyse juridique solide et identifié de potentiels responsables. Un dossier de plus de 200 pages qui ne vise pas seulement des personnes physiques, mais aussi la personne morale de la société Lafarge. William Bourdon, fondateur de Sherpa, médiatique défenseur des grandes causes, pourfendeur des dictateurs, des mafias d'État et des multinationales puissantes, reconnaissable à sa crinière blanche et son élocution *mezza voce*, est l'un des avocats[1] à la manœuvre. Il entend faire de ce dossier un symbole, celui des entreprises qui opèrent dans des zones de conflit, les alimentent directement par leur activité et contribuent ainsi à la violation des droits de l'Homme. C'est l'ère de la moralisation de la vie économique et des lanceurs d'alerte comme Edward Snowden, informaticien de la CIA qui a révélé l'existence de programmes de surveillance de masse américain et britannique, l'un des clients de William Bourdon : « Sherpa a été créée pour dénoncer l'impunité contre les crimes de sang, mais aussi l'impunité économique des grands agents industriels. Ces opérateurs privés se présentent comme les champions du développement durable, veulent nous faire croire qu'ils sauvent la planète, mais sont en fait de plus en plus irresponsables. » Au tableau de chasse de sherpa, Total, Areva, Vinci, les affaires libyennes de Nicolas Sarkozy... « Lorsque nous avons vu l'article du *Monde*, nous nous sommes dit "on y va !", poursuit Bourdon, avec un esprit commando ». Notre but est de délocaliser les victimes vers les juges des pays du Nord. Cette plainte est

1. Au côté de Sherpa, l'ECCHR (European Center for Constitutional and Human Rights) et onze plaignants, ex-salariés syriens, représentés par Me Marie Dosé et Me Jean-Christophe Ménard, ont déposé plainte le 15 novembre 2016.

une innovation juridique visant à répondre à ces entreprises qui commettent l'irréparable à des milliers de kilomètres. »

Sur le fondement de onze témoignages d'anciens employés, Sherpa affirme dans sa plainte que des « arrangements ont été passés entre la filiale syrienne de Lafarge et Daech pour maintenir l'activité de l'usine, notamment grâce à l'obtention de laissez-passer tamponnés par le groupe djihadiste et l'achat de matières premières ». Dans leurs attestations, les salariés livrent les mêmes récits : sécurité non assurée sur les routes, pressions sur ceux qui refusent de venir travailler ou de vivre dans l'usine (menaces de licenciement), kidnappings et non-paiement des rançons, conclusions d'accord avec les groupes armés (ASL, Kurdes et État islamique), abandon le jour de l'attaque… La plainte est également nourrie par de nombreux courriels internes échangés par les dirigeants de Lafarge en Syrie et Paris, qui font état de la dégradation sécuritaire et de paiements à Daech. Concernant l'infraction la plus grave, la complicité de crimes contre l'humanité, l'ONG invoque une décision du tribunal de Nuremberg du 22 décembre 1947 qui avait condamné un industriel allemand (Friedrich Flick) pour complicité de crimes de guerre commis par les SS en leur apportant un soutien financier. En maintenant son activité en Syrie (et en achetant du pétrole et en payant des taxes à Daech), Lafarge aurait de la même manière « activement contribué aux crimes de guerre et contre l'humanité de l'État islamique ». Et de rappeler que le cimentier français a été la seule entreprise étrangère d'envergure à avoir fait le choix de rester sur place (contrairement à Total, Bel, etc.).

Quelques jours après la réception de cette plainte, branle-bas de combat au parquet de Paris. Une déflagration judiciaire pour les magistrats. Le procureur, François Molins, réunit dans son vaste bureau du vieux Palais de justice, sur l'île de la Cité, les différents parquetiers concernés. L'affaire est sensible. Quelles infractions faut-il retenir dans le cadre du réquisitoire introductif qui détermine la nature de l'enquête ? Tous les magistrats ont été priés d'analyser le dossier avec leurs prismes spécifiques. Plusieurs approches sont défendues. Charlotte Caubel, la première vice-procureure[1] qui suit le dossier des douanes depuis le début, a une approche économique et commerciale. Pour elle, le sujet Lafarge est celui d'une entreprise qui a accumulé les mauvais choix, d'abord en rachetant le groupe égyptien Orascom (qui s'est avéré une mauvaise affaire) puis en maintenant son usine en fonctionnement dans un

1. Charlotte Caubel était chargée de la section économique, commerciale et financière au parquet de Paris.

pays en guerre. Cela reste du business qui peut être qualifié de commerce illicite avec un pays étranger soumis à des interdictions internationales, mais en aucun cas un crime contre l'humanité. Les autorités françaises semblent – *via* les ambassades – avoir été informées du contexte dans lequel évoluait l'entreprise ; les employés syriens ont pu être payés pendant des mois… Et Lafarge – majoritairement française à l'époque – pourrait y perdre beaucoup. Charlotte Caubel avertit qu'avec la qualification de financement de terrorisme « il y a un fort risque que l'entreprise se retrouve en grande difficulté financière et exposée à de lourdes sanctions américaines[1] ». Les Suisses de Holcim pourraient aussi profiter de la situation pour éjecter les Français et prendre le contrôle du groupe. Faut-il sacrifier un fleuron national qui emploie des dizaines de milliers de personnes au profit des Américains et des Suisses ?

En face d'elle, la procureure antiterroriste, Camille Hennetier, est naturellement portée à défendre ce dossier. La magistrate vit au quotidien les drames qui ont traumatisé les Français (*Charlie Hebdo*, Bataclan…). L'opinion publique est chauffée à blanc. La France a peur. La lutte antiterroriste est la priorité. Nombre d'actions menées

1. Entretien avec les auteurs, le 7 octobre 2024.

sur le sol national ont été organisées et financées depuis Raqqa, capitale du califat, à deux heures de voiture de l'usine de Jalabiya. Ne poursuit-on pas pour « financement du terrorisme » les parents de djihadistes détenus en Syrie qui envoient des sommes de moindre importance à leurs enfants ? Pourquoi faire une exception pour une multinationale française qui aurait dépensé des centaines de milliers d'euros ?

L'ambiance s'électrise au moment de la prise de parole d'Aurélia Devos, procureure chargée du pôle crimes contre l'humanité. La magistrate porte à bout de bras cette unité depuis sa création, quatre ans plus tôt. Particulièrement investie, elle tient là un dossier potentiellement emblématique et inédit. Elle est convaincue du bien-fondé de la plainte déposée par Sherpa pour « crimes contre l'humanité ». Elle traite déjà dans son pôle des dossiers syrien et irakien ; devant ses collègues, elle met en avant le fait que le groupe État islamique a commis de manière « indiscutable » des crimes contre les minorités religieuses, en particulier les Yézidis, chrétiens d'Orient et sunnites. Elle rappelle la jurisprudence relative à la complicité de crimes contre l'humanité depuis l'arrêt Maurice Papon. Selon cette décision, une personne physique peut être poursuivie sans avoir eu l'intention de commettre ces crimes, mais en y prêtant concours en connaissance de cause. Il suffit, selon elle, d'étendre cette notion à la personne morale. En clair, le cimentier ne pouvait pas ne pas être informé des exactions commises par les groupes terroristes. Peu importe que l'entreprise ait agi avant tout dans un but exclusivement commercial. La complicité de crimes contre l'humanité est la seule infraction où l'intention de commettre le crime n'a pas à être démontrée : « C'est un peu comme si un armurier vendait des armes à des braqueurs en connaissance de cause, cela pose question, explique un juriste. Le crime contre l'humanité correspond à une attaque généralisée et systématisée. Il n'est pas possible de déterminer l'intention profonde de chacun des participants. » Devant certains de ses collègues dubitatifs, Aurélia Devos ne cille pas : « Je crois que cette qualification peut être retenue dans cette affaire pour saisir le juge d'instruction, plaide-t-elle. Nul besoin que l'entreprise ait adhéré aux crimes contre l'humanité[1]. »

Face à elle, Charlotte Caubel trouve cette qualification « excessive », gênée par le raisonnement juridique qui oublie que Maurice Papon était un collaborateur français participant à la déportation des Juifs. Et ne cache pas une forme

1. Aurélia Devos, *Crimes contre l'humanité. Le combat d'une procureure*, Calmann-Levy, 2023.

d'agacement. Aurélia Devos se sent attaquée : « Certaines collègues m'accusent de délire, de me croire à Nuremberg, d'être une *pasionaria* voulant à tout prix poursuivre la Terre entière pour crimes contre l'humanité, ignorante que je suis[1] ! » Elle est convaincue que l'institution judiciaire est confrontée à un « rempart psychologique » qui l'amène à considérer que ce crime – le plus grave de tous, le crime des crimes – ne peut avoir que le visage d'un homme « méchant » et non pas celui d'une grande entreprise. François Molins, l'homme dont tout le monde connaît la silhouette longiligne et les formules directes, qui incarne la justice avec un grand J depuis qu'il a pris la parole après chacun des attentats qui ont ensanglanté la France, calme le jeu et décide de reporter la décision. Il donne finalement raison à Aurélia Devos. L'information judiciaire est ouverte le 9 juin 2017 pour « financement de terrorisme » et « complicité de crimes contre l'humanité ».

L'affaire est confiée à trois juges expérimentés : Charlotte Bilger, Renaud Van Ruymbeke, du pôle financier, ainsi que David De Pas, de l'antiterrorisme. Charlotte Bilger s'est taillé une solide réputation de juge indépendante, sans concession, que les obstacles n'effraient pas. Au contraire. Elle a failli faire tomber la statue du Commandeur du

1. Aurélia Devos, *ibid.*

Modem, François Bayrou, pour « complicité de détournements de fonds publics » dans l'affaire des assistants d'eurodéputés. Il a été relaxé mais le parquet a fait appel. Elle s'est aussi attaquée au groupe de luxe LVMH (pour son entrée au capital d'Hermès), au banquier HSBC Suisse (soupçonné de fraude fiscale), au mastodonte des cartes prépayées Lycamobile (pour blanchiment et escroqueries), mais aussi à Christophe Rocancourt, l'escroc des stars… Renaud Van Ruymbeke[1] est l'un des rares juges connus du grand public, qui a ouvert la voie des enquêtes politico-financières, figure de la lutte anticorruption (affaires Urba, Elf, Clearstream, frégates de Taïwan, Kerviel, Cahuzac, Balkany…). Il est proche de la retraite et n'apparaît qu'en troisième position. David De Pas a, lui, l'habitude de travailler avec les services antiterroristes, connaît la nébuleuse des groupes islamistes par cœur et a enquêté sur les attentats de novembre 2015 à Paris. Avant de rejoindre ce pôle, il officiait aux « crimes contre l'humanité », où il était chargé notamment… des dossiers syriens.

Un trio solide. Lorsqu'ils se saisissent du dossier, le rapport des douanes judiciaires – qui incrimine Lafarge – n'est étonnamment pas joint. La maison « Justice » n'est décidément pas toujours très

1. Décédé le 10 mai 2024.

ordonnée. Les juges, informés de son existence au détour d'une conversation informelle avec les enquêteurs, doivent écrire au procureur de Paris pour le récupérer. Ils perdent plusieurs semaines. Même inertie pour désigner le service d'enquête. Les douanes, qui connaissent déjà le dossier, semblent les candidats naturels. Nathalie Bécache, la cheffe, milite en ce sens, même si son unité n'a pas de compétence spécifique sur le terrorisme. Au cours de l'été 2017, elle réunit l'état-major pour désigner le groupe chargé des investigations. Cette magistrate est arrivée quelques mois plus tôt à la tête de la direction. Après des fonctions dans les parquets de Douai, Paris, Nanterre et Créteil, elle a intégré l'administration centrale à la prestigieuse Direction des affaires criminelles et des grâces du ministère de la Justice : « J'ai un dossier sensible à confier l'un d'entre vous. » Il revient logiquement à l'inspecteur qui a mené les premières investigations.

Lors d'une réunion au Palais de justice de Paris, un certain flottement règne. La DGSI assure qu'enquêter en Syrie n'est pas dans ses prérogatives, qu'elle n'a pour champ d'action que la menace intérieure. Même position de la Section antiterroriste de la brigade criminelle de Paris, qui peut « donner des hommes », mais ne veut pas prendre la main. Nathalie Bécache défend à nouveau son service, mais se sent regardée « un peu de haut » : « On a déjà un fort potentiel, nous avons travaillé sur l'organisation de la société, on a une valeur immédiate[1] », plaide-t-elle. Finalement, en octobre 2017, les douanes judiciaires sont désignées comme service leader, en cosaisine avec l'antiterrorisme. Une première dans l'histoire du SNDJ. Plus d'un an s'est passé depuis les premiers articles sur le site syrien et neuf mois depuis les auditions des responsables de Lafarge. Ces derniers ont eu largement le temps de préparer leur défense et l'entreprise de faire éventuellement le ménage. Le mot d'ordre pour les enquêteurs est désormais d'aller vite.

Un mois plus tard, le 14 novembre 2017, à 9 h 30, ils investissent le numéro 61 rue des Belles-Feuilles à Paris. L'opération est baptisée *Dawn raid*. Depuis la fusion, l'ancien siège prestigieux du cimentier français est un bâtiment de plus en plus désert. Beaucoup de salariés sont partis ou ont basculé en Suisse. La perquisition se déroule dans un climat de tension extrême. Christophe Ingrain et trois collaborateurs, avocats de LafargeHolcim, arrivés rapidement sur place, sont autorisés à rester dans les lieux par la juge d'instruction. Les douaniers, aidés de policiers de la DGSI, notamment des spécialistes en informatique et de la brigade criminelle, passent les étages méthodiquement en revue. Les avocats à leurs basques. Une

1. Entretien avec les auteurs, le 10 octobre 2024.

quarantaine d'enquêteurs, avec le brassard « Police ». « En mode cow-boy », se moque un conseil. Ils passent au sixième étage, celui du service juridique (où ils trouvent deux CD-ROM), au cinquième, celui du bureau de Jean-Claude Veillard (où ils saisissent des dossiers sur la Syrie). Les avocats vérifient les fichiers copiés un par un, refusent que les mails avec leurs clients soient versés en procédure. Ils interviennent auprès du personnel pour conseiller ce qu'il faut dire ou pas, donner ou pas, signer ou pas. Ils interpellent les enquêteurs sur les tâches qu'ils sont en train de mener. « Ils ont cassé le face-à-face direct entre la police et le personnel de la société », raconte un témoin. « Une situation de conflit larvé », consigne sur procès-verbal le chef de groupe, visant à empêcher la « manifestation de la vérité ». Les agents ouvrent des placards à moitié vides où se trouvent des classeurs sans intérêt. Au sous-sol, ils s'attaquent aux serveurs de l'entreprise. Ils ont la mauvaise surprise de constater que de nombreux fichiers ont disparu « sans laisser de traces », notamment la boîte mail de Bruno Lafont, l'ex-PDG de Lafarge. D'autres données sont corrompues. Le serveur a été changé en juin 2014. Une partie de la mémoire de l'entreprise s'est envolée ! Les enquêteurs font alors appel à un prestataire informatique extérieur qui – par chance – leur déniche un autre serveur où tout a été sauvegardé. « Un informaticien, ça ne jette rien », sourit un enquêteur. Les clés de chiffrement des ordinateurs de Veillard et Herrault sont également récupérées. La copie des serveurs prend plus d'une journée. Les douaniers sont obligés de placer sous scellés la *meeting room* pour enregistrer des milliers de données. La perquisition s'achève tard dans la nuit. Les enquêteurs sont à bout de nerfs, épuisés. « Interceptions répétées et agressives des avocats », « comportement inacceptable », note encore l'inspecteur C. Ce dernier relève aussi que de nombreux documents sont manquants : les PV du conseil d'administration saisis « s'arrêtent en juin 2013, juste avant la période intéressant l'enquête en cours », et dans les classeurs des rapports d'audit les fiches sur la Syrie « ont disparu ».

De retour au service, les douaniers travaillent jour et nuit. Ils épluchent un par un les messages échangés sur les boîtes mail professionnelles. Ils en identifient un qui les laisse pantois. Une pièce maîtresse du dossier. Le 23 juillet 2014, Christian Herrault, directeur général adjoint du groupe, échange avec Frédéric Jolibois, le patron de la filiale syrienne de Lafarge. Il est question de négociations en cours avec Daech pour poursuivre l'activité de l'usine. Il ne semble plus question de « racket », mais de la mise en place d'un partenariat commercial : « Il faut maintenir le principe que nous sommes prêts à partager le "gâteau", encore faudrait-il qu'il y ait un "gâteau" », écrit Herrault.

Sur le terrain, les hommes de Firas Tlass, l'intermédiaire syrien, sont chargés de mener à bien cette négociation. Herrault renvoie un message le 15 août dans lequel il demande à Jolibois ce que l'accord passé avec le PYD et celui de l'ISIS représentent de la « marge opérationnelle ». Il mentionne en post-scriptum : « Ne pas oublier tout de même que l'ISIS est un mouvement terroriste et je reste prudent. » Christian Herrault se défend aujourd'hui « absolument » d'avoir voulu « faire des affaires en Syrie[1] » mais affirme qu'il souhaitait « maintenir l'activité » car si « nous abandonnions le terrain, il y avait deux conséquences graves : d'abord priver nos salariés de travail et il n'y en avait pas dans la région, et ensuite prendre le risque que l'usine soit utilisée par les bandes armées ». À ses yeux, l'expression du gâteau a été « mal interprétée » : « Dans le langage des affaires en anglais qui est le mien cela n'a pas le même sens qu'en français. C'est plus factuel. Je voulais dire s'ils veulent nous rançonner, il faut bien qu'ils nous laissent travailler. »

1. Rencontre avec les auteurs le 25 avril 2024.

14

La confrontation

Ce matin du 6 décembre 2017, la France se réveille en apprenant la mort de Johnny Hallyday. Son épouse, Lætícia, l'a annoncée à 2 h 44 du matin dans un communiqué adressé à l'Agence France-Presse. À l'heure des premiers flashs, les journaux entrent en deuil pour plusieurs jours, et plus rien ne les intéresse hormis les événements qui entourent cette disparition. Seule la décision du transfert de l'ambassade des États-Unis de Tel-Aviv à Jérusalem réussit à trouver une place dans ce flot de lamentations et de souvenirs.

Les avocats de Bruno Lafont, Christian Herrault et Éric Olsen, tous trois convoqués par les enquêteurs ce jour-là, redoutent des fuites et l'exposition aux journalistes de leurs clients en rentrant dans l'immeuble des douanes judiciaires à Ivry-sur-Seine. Ils savent que ces clichés volés d'une garde à vue tournent en boucle sur les chaînes d'info et sont ensuite réutilisés à la moindre actualité du dossier judiciaire comme images d'illustration. Un bracelet photographique dont il est difficile de se défaire. Depuis la réception de la convocation, un mois plus tôt, ils ont appelé le service pour s'assurer qu'un parking souterrain ou fermé permettrait d'assurer un minimum de discrétion. Certains d'entre eux sont venus en éclaireur pour vérifier les accès. Les voilà rassurés. Aucun média n'a jugé utile de dépêcher une équipe sur place. Pas le temps. Pas de place dans l'espace médiatique.

La garde à vue de Bruno Lafont commence à 9 h 27 et ne s'achèvera que deux jours plus tard, le 8 décembre à 9 heures. En arrivant, un inspecteur l'informe de ses droits et lui explique qu'il entre dans un tunnel temporel pouvant durer 92 heures et 54 minutes. Dans le cadre d'une accusation de financement de terrorisme, la garde à vue peut s'étirer jusqu'à 96 heures, mais comme il a déjà été soumis à une première audition de 3 heures et 6 minutes le 27 janvier 2017, le temps de cette première session est décompté. Son statut a cependant changé depuis la dernière fois. À l'époque, il était entendu en audition libre, aujourd'hui, il est un suspect qui a dû se défaire de ses effets personnels. Une carte d'identité, 50 euros en liquide et ses précieux cigarillos qui ne le quittent jamais sont consignés.

Lafont enchaîne neuf interrogatoires de plus de quatre heures d'affilée, entrecoupés de trois visites médicales et de dix repos, c'est-à-dire de retour dans une cellule à l'isolement. Il passe deux courtes nuits à Ivry, au deuxième étage de l'immeuble du SNDJ. Sans savoir qu'il bénéficie d'un traitement de faveur. La patronne du service, Nathalie Bécache, est une magistrate chevronnée qui connaît bien la procédure. Forte de son passage à la Chancellerie, elle perçoit mieux que personne les enjeux politiques d'un tel dossier et les potentiels coups de fil qu'elle peut recevoir. Elle demande au groupe chargé de l'enquête de faire dormir les suspects sur place, dans les cellules de garde à vue du deuxième étage. En règle générale, les douaniers envoient leurs « clients » pour la nuit dans les commissariats des quartiers alentour, à Ivry, dans le 13e, ou encore en Seine-et-Marne, en fonction de la place disponible. Les soirées y sont éprouvantes, car les suspects, généralement en col blanc, se retrouvent inévitablement à devoir partager leur cellule avec la faune nocturne, voleurs, dealers, bagarreurs, pochetrons, prostitués…

Les locaux de la douane n'ont rien de luxueux, mais ont l'avantage d'être propres, et les cellules neuves et individuelles. Le service n'est cependant pas organisé pour une prestation hôtelière. Il n'y a personne notamment pour s'acquitter de la surveillance, alors qu'il faut au moins deux agents par individu pour prévenir les suicides ou réagir en cas de malaise. Les séances d'interrogatoire se révèlent épuisantes pour les enquêteurs. Le chef de groupe refuse que ses hommes qui ont travaillé toute la journée assurent cette fonction. Nathalie Bécache menace de sanctions disciplinaires en cas de mauvaise volonté. La directrice et son douanier finissent par trouver un terrain d'entente. Et décident d'aller acheter des couvertures dans le supermarché du coin ! Ce seront d'autres collègues qui se dévoueront pour ces séances de surveillance inattendues. Le soir même, la jurisprudence Lafont entre dans la légende de la maison.

Deux membres de l'équipe des douanes conduisent les interrogatoires auxquels participent aussi deux policiers de la brigade criminelle et de la Direction générale de la sécurité intérieure (DGSI). S'est joint à eux un officier bruxellois qui enquête sur les actionnaires de Lafarge en Belgique. L'aréopage représente l'ensemble des services saisis pour cette tentaculaire affaire. Les autres suspects convoqués ce jour-là, Christian Herrault et Éric Olsen, sont interrogés en parallèle dans des bureaux séparés selon un dispositif similaire. Tout le monde s'entasse dans des espaces ridicules. Les portes restent ouvertes.

Olsen et Lafont occupent des locaux mitoyens et entendent par moments leurs réponses respectives. Le chef de groupe récupère les procès-verbaux en temps réel, les lit, les analyse, suggère de nouvelles questions. Un chef d'orchestre invisible qui donne néanmoins la cadence. Il connaît la partition, ou plutôt le dossier, par cœur, ses forces, ses faiblesses et les zones d'ombre. Avant d'organiser cette drôle de rencontre, il a ingurgité des milliers de pièces de procédures. À distance, la juge d'instruction, Charlotte Bilger, suit le déroulé des opérations. Elle signe les prolongations de garde à vue et dévore les réponses des mis en cause qui lui sont transmises au fil des auditions. La moindre fausse note, une date ou une heure erronées, une signature manquante peuvent faire capoter des mois d'enquête. Les avocats, également présents, ne sont pas là que pour la câlinothérapie de leurs clients. Ils surveillent, espèrent un incident pour obtenir un report ou une annulation de procédure. En l'espèce, les conseils de Bruno Lafont, particulièrement alertes sur le sujet, obtiendront la nullité de la garde à vue de leur client en soulevant le fait que ce dernier étant nommément désigné dans la plainte avec constitution de partie civile, aurait dû se voir notifié le droit d'être entendu sous le statut de témoin assisté. Ce qui lui aurait permis de connaître les pièces détenues par les enquêteurs et de mieux se préparer encore.

Bruno Lafont est le morceau de choix de la séquence. Non pas parce qu'il est le PDG, mais car c'est pour lui que l'accusation est la moins solide. Dès sa première audition, onze mois plus tôt, Christian Herrault a reconnu les faits. Pas le financement de terrorisme qui lui est reproché, mais le racket de groupes terroristes accepté par Lafarge pour faire fonctionner l'usine. Une question de point de vue. Éric Olsen n'a jamais été considéré comme un acteur clé du dossier. Il a immédiatement coopéré avec la justice, livrant de nombreux éléments pour comprendre le fonctionnement de l'entreprise. Il doit sa convocation à sa fonction de DRH qui avait la sûreté dans son périmètre. Il a assisté à nombre des comptes-rendus de Veillard, qui faisait état des avancées des djihadistes et des négociations menées avec eux. Bruno Lafont est un cas plus complexe à traiter. Il est accusé par la plupart des autres suspects d'avoir tout su du système de paiements élaboré pour faire tourner l'usine, mais il ne concède rien, et n'a laissé aucune trace derrière lui. Sa ligne de défense est claire et cohérente, même si elle ne semble pas vraiment convaincre les enquêteurs. Il avait délégué, ne lisait pas ses mails, ne participait pas aux réunions opérationnelles. Un portrait très différent de celui brossé au fil des témoignages recueillis, où il est dépeint comme un obsessionnel du détail et du contrôle.

Ses avocats l'ont averti qu'il risquait une mise en examen dans le bureau de la juge d'instruction au terme de ces longues journées. Fidèle à sa réputation, il s'est préparé consciencieusement pendant le mois qui a précédé cette audition, appelant ses conseils – des communicants de haut vol – tous les jours, pour apporter les meilleures réponses. Il n'a rien laissé au hasard. Comme à son habitude. Il voulait savoir comment les choses allaient se dérouler, faire le tour des questions qui lui seraient posées. Il a poussé la préparation jusqu'à arriver en tenue simple, voire négligée, pour ne pas donner l'image d'un patron tiré à quatre épingles, déconnecté de la vraie vie.

À 61 ans, l'ancien PDG de Lafarge, qui se distingue par sa discrétion et son peu de goût pour la familiarité, doit se mettre à nu. Éléments de personnalité, identité des parents, de l'épouse, revenus, justification du patrimoine, des deux violons que les enquêteurs ont trouvés dans son coffre. Le premier est celui de sa femme, musicienne, et le second a été acheté pour leur petite-fille. Les questions se suivent, ponctuées de pauses ou d'interruptions. De très générales, elles deviennent de plus en plus précises. Il doit s'expliquer sur tout : le rôle de la fonction sûreté dans l'entreprise, les comités *ad hoc*, la connaissance qu'il en avait, les raisons du rachat d'Orascom, ses relations avec les actionnaires, son niveau d'appréciation de la situation en Syrie entre 2012 et 2014, et bien sûr, des versements aux groupes terroristes. Chaque fois, Bruno Lafont s'exécute. Il garde son cap. Premier mantra : il avait de l'estime pour ses adjoints et leur laissait une grande liberté d'initiative. Il le répétera devant le juge d'instruction : « La Syrie était un domaine délégué, c'est-à-dire que le patron a donné son pouvoir à des représentants capables de gérer ce domaine-là. […] M. Herrault disposait d'une solide expérience. […]. À plusieurs reprises, je lui ai demandé "est-ce que nous pouvons continuer ?" […] Il ne m'a jamais recommandé de fermer l'usine. Il me disait : "On peut continuer, on gère"[1] ». Une pierre dans le jardin de son adjoint. Une manière de se disculper, de dire à quel point ces affaires syriennes lui sont étrangères.

Second mantra : il n'a connu l'accord avec Daech qu'à l'occasion du comex du 27 août 2014. Un événement incontestable, car il a été consigné. Lors de cette réunion avec les principaux directeurs du groupe, où sont passées en revue les activités dans le monde entier, Christian Herrault, son directeur général, a déclaré sans ambages : « Le mois d'août n'est pas bon, car pas d'activité commerciale, nous avons trouvé un accord avec

---

1. Interrogatoire de Bruno Lafont le 14 juin 2018.

les Kurdes et Daech, nous commençons donc à vendre un peu cette semaine. La situation syrienne reste toujours fragile, le Qatar va être plus prudent dans le financement de ces fous furieux. Dans notre accord avec Daech, nous avons dit qu'en termes de taxation, on doit avoir le même traitement que les importations turques. » L'assistante de Bruno Lafont a pris en note sur son iPad cette déclaration aussi terrifiante qu'incontestable puis l'a transférée sur le serveur de l'entreprise que le cabinet Baker McKenzie a exhumé au moment de l'enquête interne. Dans le rapport « officiel » du comité exécutif saisi par les enquêteurs, ces propos ne sont pas consignés. Un oubli qui surprend... Le mémo de la secrétaire restitue la réponse de Lafont : « Assurons-nous que ce que nous faisons est *risk free* (vis-à-vis des US). » Dans la retranscription de l'assistante ne figure aucune mention d'un veto dans l'assistance. Les versions des deux protagonistes divergent sensiblement sur la suite. S'ils s'accordent sur le fait qu'ils ont eu une discussion privée à la fin de la réunion, leur souvenir en est très différent. Christian Herrault explique que Lafont lui a reproché d'avoir évoqué publiquement le sujet dont il était parfaitement et régulièrement informé. Devant le juge d'instruction, Bruno Lafont déclare : « J'ai beaucoup d'estime pour M. Herrault. C'est un homme intègre qui a toujours agi dans l'intérêt général. (...) Mais nous avons un différend sur la manière dont les informations me sont remontées. Il ne m'a jamais informé de paiements à des groupes terroristes. » Ils confirment en revanche tous les deux que lors de cet entretien, ils sont convenus d'arrêter l'activité de l'usine dès que possible, l'opération exigeant de vider les silos gorgés de ciment.

La garde à vue de Christian Herrault a débuté peu après celle de Bruno Lafont. Il s'est présenté avec un petit sac de voyage contenant des livres et souffre d'une angine. Silhouette fine, sourire franc, crâne dégarni, yeux vifs, l'homme est cultivé et un rien original. Sa spontanéité confine, selon certains, parfois à la naïveté. Installé dans un bureau voisin de son ancien patron direct, il subit le même traitement et doit laisser dans une boîte son passeport, 50 euros et sa montre. Mais il adopte une attitude très différente de celle de Bruno Lafont. Il ne récuse aucunement le versement de l'argent à des groupes armés par le biais d'intermédiaires locaux, mais réfute en revanche l'idée que Lafarge ait mis en danger les ouvriers syriens, pas plus, en tout cas, que partout ailleurs en Syrie. Et peut-être même moins... Les expatriés avaient été évacués dès 2012, car en tant qu'étrangers ils couraient un risque supérieur. Il explique la poursuite de l'activité non par la quête irraisonnée du profit, mais par le souci de maintenir ses emplois. Il affirme que l'abandon de l'usine aurait été une arme bien plus dangereuse dans les mains des terroristes. Enfin, Herrault répète que les services français, les ambassades, le Quai d'Orsay, le pouvoir politique connaissaient la présence de l'usine et le maintien de son fonctionnement. En 2012, on lui aurait même dit de rester, car la guerre ne durerait pas.

Lors de sa cinquième audition, il a déjà passé une nuit en cellule, les enquêteurs ont un objectif : qu'il mette en cause Bruno Lafont. Confronté aux déclarations des autres cadres de l'entreprise, notamment celles de Bruno Pescheux (le patron du pays a été placé en garde à vue quelques jours auparavant), il découvre que son collaborateur rejette la responsabilité sur lui. Entre 2013 et 2014, les deux hommes ont échangé des mails explicites sur les versements d'argent permettant le passage aux checkpoints. Ils y évoquent leur doute sur la fiabilité de leur intermédiaire, ils mentionnent les listes des racketteurs, sur lesquelles apparaît l'État islamique, et exposent leurs questionnements sur la conformité de ces pratiques au regard des résolutions de l'ONU. Chaque fois, Pescheux se réfugie derrière sa hiérarchie, en l'occurrence Herrault. Il informait. Son supérieur décidait. Chacun son boulot. Herrault bout sur sa chaise, affirmant que c'était Pescheux qui incitait au maintien de l'activité.

Il raconte que les deux hommes se sont vus une dernière fois en septembre 2016 à Paris et qu'ils s'étaient alors interrogés sur le « moment où ils auraient pu ou dû arrêter »[1]. Sans vraiment trouver de réponse.

Dans l'univers mental de Christian Herrault, on assume et on ne balance pas. Lorsqu'il est questionné sur le niveau de connaissance de Lafont, il biaise et ne répond pas vraiment. « Je m'en expliquerai avec lui pendant la confrontation », balaie-t-il. Mais son avocate Solange Doumic ne l'entend pas de cette oreille. Elle demande une suspension de l'audition à 16 heures pour s'entretenir avec lui. En 2001, âgée d'à peine 30 ans, Solange Doumic, qui défendait alors la famille d'une victime du tueur et violeur en série Guy Georges, avait obtenu les aveux de ce dernier en pleine audience. Une guerre psychologique avec l'assassin, qui niait. L'avocate d'Herrault a de l'instinct et le sens du timing. À ce moment de la garde à vue, elle perçoit la soudaine fragilité de son client et le met face à la réalité. Elle sent bien que l'inclination naturelle de ce dernier à laisser les autres face à leur conscience risque de lui coûter cher. Herrault va être pris en sandwich entre deux défenses, celle

1. Audition en garde à vue de Christian Herrault le 7 décembre 2017.

du subalterne qui ne faisait qu'exécuter et celle du supérieur fixant les orientations politiques sans connaître les process opérationnels. Les questions reprennent cinq minutes plus tard. « La direction parisienne a-t-elle donné son aval pour payer Tlass pour qu'il distribue de l'argent à des groupes armés locaux, notamment l'État islamique, à partir de novembre 2013 ? » interroge l'enquêteur. Herrault acquiesce : « Oui. Lafont m'a donné son aval après l'exposé que je lui ai fait en disant que l'important, c'était l'intégrité des collaborateurs. »

Un livre l'accompagne dans cette retraite forcée. *Servir*, du général de Villiers, le frère de l'homme politique, ancien chef des armées du président Macron. De quoi nourrir la conviction profonde de cet ingénieur des Mines diplômé de Polytechnique. Un chef ne se défile pas devant ses responsabilités. « Un chef est un chef, il doit assumer lui-même, dans ce que j'entends, je suis abasourdi de découvrir que dans cette affaire, personne n'assume. Je trouve que c'est dégueulasse », répond-il à la question d'un enquêteur qui s'étonne de ce revirement.

Le 8 décembre, à minuit passé de vingt-quatre minutes, les deux hommes se retrouvent face à face ou plutôt côte à côte pour une confrontation. Bruno Lafont et Christian Herrault se tutoient et se désignent par leurs prénoms ; ils se connaissent depuis plus de trente ans. Le premier est entré chez Lafarge en 1982 et le second en 1985. Ils ne sont pas amis. Bruno Lafont en compte peu dans l'entreprise. Il a sans doute été choisi par Bertrand Collomb pour sa singularité. Christian Herrault n'est pas moins original, mais a également su nouer des amitiés anciennes et profondes dans la maison. Il avait l'onction des polytechniciens et des ingénieurs, même s'il n'avait pas plus trempé dans le ciment que Lafont. Tous deux ont évolué dans des métiers annexes, la biochimie et le sanitaire, pour finir par se frotter l'un et l'autre au plâtre. Mais Bruno Lafont n'était qu'un énarque, sorti de la botte avec une formation de HEC. Ces deux individualités se sont côtoyées pendant plus de vingt ans dans des réunions de managers ou des comités exécutifs.

Pendant la période syrienne, Herrault et Lafont se voyaient en tête à tête tous les mois en moyenne. Leur confrontation en garde à vue prend des allures de partie de ping-pong. Un set en 21 points, les 21 questions que lance l'enquêteur. Herrault envoie des balles de plus en plus rapides et de plus en plus fortes, mais Bruno Lafont ne les retourne que très mollement.

Comme la garde à vue, la confrontation a été annulée. Mais les deux hommes se sont retrouvés face à face dans le bureau de la juge d'instruction le 9 octobre 2018. Avec la même intensité. Herrault confirme le versement de sommes à des groupes armés par l'intermédiaire de Firas Tlass et en avoir informé son supérieur, Bruno Lafont, en octobre 2012.

« Je lui ai décrit tout le système et il a dit "on continue" (...). C'est à cette époque je crois qu'il m'a dit que l'intérêt général était fait d'intérêts particuliers, ça veut dire ce que ça veut dire. »

Bruno Lafont dément : « Le travail d'un CEO, ce n'est pas de rentrer dans tous les détails, c'est de donner quelques directives et d'écouter les informations que lui donne son collaborateur le plus direct. Christian Herrault choisissait les informations qu'il me remontait. Je ne lisais pas les PV de sûreté. Ce n'était pas mon rôle de les lire. C'était à Christian Herrault de le faire. J'ai donné des directives, la première c'était la sûreté, point sur lequel il n'y a pas de désaccord, la seconde avec Daech : "on évite tout rapprochement." »

Christian Herrault s'insurge : « C'est faux et absurde. Comment une opération syrienne, quand on sait le chaos qui y règne, quand le groupe est confronté de manière unique à une guerre civile d'une telle ampleur, peut-elle être décidée par ma seule personne ? Comment je pourrais décider seul des choses qui sont bonnes ou mauvaises pour la société ? »

À la fin de ce duel, visiblement éprouvé par l'exercice, Christian Herrault fend l'armure à la suite d'une question posée par l'avocat de celui qui est devenu son adversaire : « Vous sentez-vous coupable d'avoir contribué au financement du terrorisme ?

Christian Herrault : « Non absolument pas, ça me semble aberrant ».

La greffière, témoin de la scène, mentionne : « Christian Herrault a les larmes aux yeux et semble ému ».

Et l'avocat de poursuivre : « Convenez-vous que vous comme Bruno Lafont étiez sensibles à la question de la sécurité et de la sûreté du personnel ?

Christian Herrault : « Oui. »

Une des rares convictions que les deux hommes ont encore en partage. Mais dans une vie, les plus grandes fautes ne sont pas toujours mues par des intentions malfaisantes. L'aveuglement, la peur, la lâcheté, les habitudes, le contentement de soi, l'incapacité à penser contre soi-même peuvent entraîner des catastrophes tout aussi grandes. C'est justement le thème de *L'Étrange Défaite* de l'historien Marc Bloch, l'autopsie implacable et lucide du désastre militaire français en 1940, livre de chevet de Christian Herrault. Tous deux sont mis en examen pour « financement du terrorisme ». Lafont échappe de peu à un placement en détention provisoire. À sa sortie de garde à vue, l'un de ses amis l'appelle pour le soutenir. Membre du Medef, il lui glisse qu'il va devoir démissionner de ses responsabilités au sein de l'organisation patronale. Lafont – qui disposait d'un portrait de lui en Napoléon dans les sous-sols de Lafarge – vit son Waterloo. Herrault, lui, est abasourdi : il se défend de toute arrière-pensée financière dans cette affaire et déplore « une méconnaissance de ce qu'est un industriel ». Il est persuadé qu'à aucun moment personne chez Lafarge n'a agi par cupidité, que ce n'est pas l'appât du gain qui a orienté la décision de faire marcher l'usine. Il veut croire que « la préoccupation de l'autre, cela existe dans l'industrie et cela faisait partie de la culture Lafarge, y compris en Syrie[1] ». Il se convainc aussi que les magistrats et les enquêteurs commettent une sorte d'anachronisme en regardant Daech avec les yeux de ceux qui ont vécu les attentats parisiens de 2015, puis de Bruxelles et Londres, et que ce « biais cognitif » fausse leur jugement. Pendant les gardes à vue des trois dirigeants, les douaniers leur ont montré des vidéos – ce qui a provoqué un vif émoi chez leurs défenseurs car elles ne concernaient pas Lafarge – d'exactions commises par Daech dans la région. Notamment une, glaçante, où l'on voit des chauffeurs de poids lourds arrêtés et

1. Entretien avec les auteurs, le 25 avril 2024.

exécutés par des djihadistes car ils maîtrisaient mal les règles de la prière. Des événements antérieurs aux assauts terroristes dont fut victime la capitale française.

15

Gros Marmotte

Trois semaines plus tôt.

Au fond de sa cellule, le 14 novembre 2017, entre deux séances de pompes, la lecture d'un journal qu'il n'arrive pas à déchiffrer faute de lunettes et une insomnie, Jean-Claude Veillard, 64 ans, ne comprend pas. Il enrage même. Depuis quarante-huit heures, il est placé en garde à vue pour « financement de terrorisme » et « complicité de crimes contre l'humanité ». La semaine précédente, une perquisition a été effectuée à son domicile parisien. Il s'y attendait et avait préparé un dossier dans une « chemise verte » contenant des documents pour sa défense. Il l'a donné spontanément aux enquêteurs pour leur faciliter le travail. Il estime n'avoir rien à cacher. Sa manière à lui d'être loyal avec l'autorité, qu'il a l'habitude

– en bon militaire – de respecter. Suspicieux par nature, les enquêteurs ont aussi emporté l'ordinateur de sa fille et fouillé l'appartement de fond en comble. Dans le tiroir d'une commode, ils ont trouvé un pistolet – la copie d'un Glock 17 – et une série de décorations, dont la croix de guerre. « C'est à vous ? » lui ont demandé les enquêteurs. « Bien sûr », a répondu Veillard, un rien contrarié. Il ne peut s'empêcher de penser que le pays – qu'il a servi pendant quarante ans (il a été cité quatre fois pour des faits d'armes) – le traite mal.

Pendant sa garde à vue, il affirme n'être en rien mêlé au financement de groupes terroristes et invoque même un rôle de « lanceur d'alerte ». Oui, il a voulu tirer la sonnette d'alarme *via* les comités sûreté pour informer sa hiérarchie de la situation qui dégénérait autour de l'usine, notamment Bruno Lafont, le PDG. Non, il n'était pas en son pouvoir de décider de payer ces groupes ou de fermer l'usine. Les quatre enquêteurs issus de trois services (douanes, DGSI, brigade criminelle) qui l'interrogent lui auraient confié ne pas comprendre ce qu'il fait là. Veillard – *via* son conseil, Me Sébastien Schapira – prend la peine de le faire mentionner sur procès-verbal. Lors de ces moments de tensions extrêmes, où se joue l'avenir d'un homme, la relation instaurée entre l'avocat et son client prend soudainement une intensité particulière. Sans le hasard des procédures judiciaires, Sébastien

Schapira, avocat pénaliste discret mais reconnu, n'aurait jamais croisé Jean-Claude Veillard. Le premier est probablement éloigné de l'échiquier politique du second. Ils ne sont pas de la même génération, ne vivent pas la même vie, n'ont pas les mêmes amis, le même cercle relationnel. Pour passer le temps en cellule, Schapira a apporté à Veillard un livre offert par son père, à qui il venait de rendre visite. Un geste que l'ex-militaire n'oubliera pas. Il lui paraît trouver un peu d'humanité dans un épisode de sa vie qui semble en manquer. Lui qui a passé une partie de sa carrière dans les forces spéciales à combattre le terrorisme (Liban, Afghanistan, Bosnie, Djibouti...) se retrouve accusé de l'avoir financé. Une infamie. Interrogé sur son parcours dans les commandos marine, il tient à ce que soit noté qu'il « ne s'agissait pas d'établir des contacts » : « C'était de la confrontation, des opérations[1]. » Une manière de dire qu'il a mouillé le treillis et le béret (vert).

Devant les enquêteurs, les questions se succèdent. Parfois les mêmes. Plusieurs centaines. Trois cent dix-huit exactement. Veillard répond, point par point. Il assure que si cela n'avait tenu qu'à lui, il aurait fermé l'usine dès 2011, au début de la guerre civile. Il raconte avoir croisé un jour

1. Audition de garde à vue de Jean-Claude Veillard le 29 novembre 2017.

Bruno Lafont, le PDG, au siège de Lafarge, qui lui aurait glissé : « Quand est-ce qu'on la ferme, cette usine ? » Il lui aurait répondu : « C'est votre décision. » Lafont serait alors parti en maugréant des mots incompréhensibles. Veillard ne conteste pas avoir eu connaissance de négociations « indirectes » avec les groupes islamistes, mais assure avoir toujours déconseillé le moindre contact direct. Selon lui, la cimenterie de Jalabiya n'a été maintenue que pour des « raisons financières[1] ». Veillard se dit néanmoins « déstabilisé » à la lecture de courriels (échangés entre le responsable pays et Christian Herrault) – dont il est parfois en copie – où sont clairement évoquées les négociations menées avec Daech. Son cerveau commence à s'embrouiller, à fatiguer. Il se souvient qu'il a été sollicité par Christian Herrault, responsable de la zone, pour donner son avis sur les instructions transmises à Firas Tlass, l'intermédiaire local, d'engager des discussions avec Daech en 2014. Il assure avoir « catégoriquement » une fois de plus déconseillé de le faire.

À l'issue de sa garde à vue, Jean-Claude Veillard est transféré au Palais de justice de Paris. Le parquet – visiblement convaincu par ses arguments – requiert qu'il ne soit pas mis en examen pour « financement de terrorisme », mais uniquement

1. *Ibid.*

pour « non-respect d'une mesure de restriction internationale des relations financières avec l'étranger » et « mise en danger de la vie d'autrui ». Il est présenté à l'un des trois juges chargés du dossier, Renaud Van Ruymbeke. Le magistrat, qui n'est pas le plus au fait du dossier, s'emmêle dans les noms. Veillard, sous pression depuis deux jours, voudrait s'expliquer. Il cherche le regard du magistrat, qui – derrière ses fines lunettes rondes – semble regarder ailleurs. Ce n'est pas le lieu ni le moment. L'interrogatoire de première comparution est souvent une simple formalité pour officialiser la mise en examen. Le juge d'instruction l'interroge à nouveau en particulier sur ses relations avec Firas Tlass et sa connaissance du paiement aux groupes terroristes. Il répète ne pas avoir été informé avant août 2014 et qu'il ne comprend pas ce qu'il fait dans ce bureau. Veillard passe de l'autre côté du miroir, sent monter une vague de colère en lui. Il a le sentiment que sa vie est détruite. Son avocat lui pose la main sur le bras. Il est finalement mis en examen par le juge d'instruction pour « financement de terrorisme » sans tenir compte de l'avis du parquet. Quelque chose se brise. Il n'aura plus jamais confiance dans les institutions. L'enfant de l'École des mousses pensait être arrivé au sommet de la hiérarchie sociale. Il a perdu la bataille. La plus importante de sa vie.

Il ne peut s'empêcher de refaire le film.

Dès 2011, le rituel est rodé. Depuis la rue des Belles-Feuilles à Paris, environ une fois par mois, le responsable sûreté de Lafarge emprunte le périphérique, parcourt quelques kilomètres, met son clignotant et bifurque à la sortie Porte des Lilas. Il entre dans le 20e arrondissement parisien, longe le boulevard Mortier, dont les hauts murs sont bardés de caméras et de fils barbelés, et s'arrête devant le numéro 141, l'entrée de la Direction générale des services extérieurs (DGSE), autrement appelée « la Piscine ». Il n'a pas besoin de se présenter. Il est connu ici, fait presque partie de la maison. La caméra intelligente lit sa plaque d'immatriculation, la barrière se lève, les bornes rétractables s'enfoncent dans le sol. Veillard se gare sur le parking des visiteurs. Passage obligé au poste de garde. Glisser sa carte d'identité à l'homme qui le reçoit derrière une vitre blindée, laisser son téléphone portable dans un casier, récupérer un badge de circulation et passer un portique détecteur de métaux. Après ces formalités l'attend le lieutenant-colonel B., son agent traitant qu'il côtoie depuis 2011 (et ce jusqu'en 2015). Veillard ne vient jamais les mains vides : il livre avec une régularité métronomique les informations qu'il recueille sur la situation en Syrie depuis le début de la guerre civile. Pas seulement sur ce pays, d'ailleurs (il en gère une soixantaine). Il lui est arrivé de signaler au service une information concernant une rencontre entre son patron, Bruno Lafont, et le ministre des Affaires étrangères de la Corée du Nord. Lafarge, en rachetant Orascom, a en effet hérité d'une usine dans ce pays le plus fermé du monde. La DGSE saute sur l'occasion. Les agents se disent intéressés par la copie des passeports, cartes de visite, lieux de séjour à Paris de cette délégation qu'ils connaissent mal. Tout comme la situation dans le nord de la Syrie.

Veillard s'informe, renseigne, se déplace. Il le fait parce qu'il est « bleu-blanc-rouge » dans sa tête et sans le statut officiel d'honorable correspondant (cela lui a été proposé, il a refusé). Sa vie de militaire a été dédiée en partie à la lutte contre le terrorisme. Il y voit une juste continuité, une manière de défendre ses valeurs. Il a averti la direction de Lafarge de sa démarche, elle n'a rien trouvé à redire. « Toujours intéressant d'avoir un accès aux informations de la France », a relevé un dirigeant. C'est surtout Veillard qui va informer le pays. Il appartient au réseau des responsables sûreté des grands groupes français. Beaucoup d'entre eux sont issus desdits services de renseignement et vont ensuite « pantoufler » dans le secteur privé. L'intérêt sécuritaire de la France rejoint celui de ces multinationales tricolores implantées dans des pays lointains, parfois au cœur de crises majeures. La France, qui a fermé son ambassade à Damas le 6 mars 2012, n'a plus d'yeux ni d'oreilles en Syrie. Elle peut compter sur quelques services occidentaux alliés, mais les sources d'informations fiables sont rares.

Dans les couloirs de la DGSE, l'officier traitant de Veillard l'accompagne dans la salle où se réunissent les agents chargés de la zone moyen-orientale. Ces derniers lui ont listé les thèmes à creuser en Syrie : la vie quotidienne (accès à Internet, la disponibilité de l'argent liquide, etc.), les axes de communication (nombre de checkpoints...), les finances et affaires (rôle du clan Al-Assad, circuits de pétrole raffiné...), les mouvements rebelles et islamistes (lignes de front, les personnes influentes, etc.) et, enfin, les éléments d'ambiance (la charia s'applique-t-elle dans certaines zones ? Quand les factions islamistes se substituent à l'État, y a-t-il une discrimination envers les chrétiens, chiites, alaouites ?). L'ex-barbouze dispose sur la zone d'un réseau d'une redoutable efficacité. Depuis 2011, Jacob Waerness, l'ancien des services secrets norvégiens, arabophone, responsable sûreté local, arpente la région. Veillard lui a donné pour consigne d'interroger les chauffeurs, les fournisseurs, les employés, qui s'avèrent d'excellents capteurs sur le terrain. Les notes de situation, très précises, arrivent à intervalles réguliers. Elles sont d'abord utilisées pour nourrir le comité sûreté de Lafarge qu'organise régulièrement Jean-Claude

Veillard. Elles atterrissent ensuite souvent entre les mains des services français. À la Piscine, l'ex-militaire dépose dans une bannette les renseignements qu'il a collectés et retranscrits sur une feuille sans en-tête. Lorsqu'il ne se déplace pas, un coursier en scooter de la DGSE – l'estafette, dans le jargon – récupère les plis préparés par Jean-Claude Veillard. Une affaire qui roule.

Les notes, une fois validées par la Direction générale, se retrouvent sur le bureau du cabinet du ministre de la Défense. Jean-Claude Veillard s'amuse parfois à en relire certaines. Il y reconnaît souvent un copier-coller de ce qu'il a envoyé la veille. Comme ces comptes-rendus de la « situation sécuritaire » en Syrie du 18 juillet et du 1er août 2012 estampillés « Confidentiel défense ». Ou encore la synthèse d'une réunion à Gaziantep (Turquie) en septembre 2012, au cours de laquelle Veillard et Waerness ont rencontré les différentes milices de l'opposition (Armée syrienne libre). Y figurent les noms des chefs de groupes armés et leurs numéros de téléphone. L'un des coups de maître de Veillard reste la communication d'une liste d'une soixantaine de noms, régulièrement mise à jour, de ceux qui tiennent les checkpoints autour de l'usine, avec leurs contacts (portables, adresses mail, Skype...). Mais aussi l'envoi d'une carte de la région avec l'état des forces en présence. Une mine d'or pour les services.

Lors des visites de Jean-Claude Veillard, les analystes de la DGSE – parfois jusqu'à cinq agents – déroulent des cartes, posent des questions pour comprendre l'avancée des groupes armés. L'ex-membre des forces spéciales se prête au jeu, leur livre parfois des éléments d'ambiance utiles pour prendre le pouls du conflit. Lors de leur arrivée à Manbij, les hommes du groupe État islamique sont accueillis comme des libérateurs. Les espions sont sceptiques, mais Veillard est sûr de son info. Il la tient des employés eux-mêmes, qui vivent dans la ville. D'autres fois, il partage des renseignements plus précis. Une ferme aurait été réquisitionnée par Jabhat al-Nosra pour servir de site de fabrication d'explosifs. Lorsqu'il ne vient pas à la DGSE, la DGSE vient à lui. Le service n'hésite pas à passer commande et à demander des informations sur tel homme d'affaires ou telle famille qui vit en Syrie. Échange de bons procédés : on le laisse jeter un œil sur certaines notes ayant trait à d'autres pays sensibles où Lafarge dispose d'installations (Algérie, Irak, Pakistan...).

À l'automne 2013, Jacob Waerness, les yeux de Veillard sur le terrain, est remplacé par Ahmad Al Jaloudi, un Jordanien, lui aussi un ex-agent des services, récemment retraité, formé en partie en France et aux États-Unis. Récompensé à plusieurs reprises par des médailles militaires, il a roulé sa bosse en Irak, Somalie, Afghanistan... Il sait lire des cartes satellites et se trouve être un spécialiste du renseignement humain. Son dernier poste était celui d'officier militaire dans une cellule antiterroriste rattachée au roi de Jordanie. Tout aussi efficace que son prédécesseur. Al Jaloudi a surtout une plus grande capacité de se fondre dans le paysage syrien (Waerness était un grand blond aux yeux bleus). L'homme est très entreprenant. Téméraire, voire tête brûlée. Il veut se faire voir (par ses futurs contacts) et bien voir (par le directeur de Lafarge en Syrie, Christian Pescheux). Il interroge les chauffeurs de camions qui transportent le ciment à travers toute la Syrie. Il prend le thé avec eux. Certains deviennent des amis. Il va au contact. Y compris de fournisseurs de l'usine, des hommes proches des islamistes à Raqqa et Manbij. Al Jaloudi envisage même de rencontrer directement des responsables du groupe État islamique. Veillard l'en dissuade, mais il n'est pas sûr d'être entendu. Ces approches sont-elles mues par la recherche de renseignements ou par le besoin de négocier pour que l'usine continue à fonctionner ? En octobre 2013, Veillard rédige pour la DGSE une analyse détaillée des forces en présence autour de l'usine écrite par Al Jaloudi. Il est spécifié que les employés et les clients peuvent passer les checkpoints suite à des « accords de long terme avec l'EIIL [futur État islamique] », une taxe de

« 150 dollars par camions de ciment[1] » serait prélevée par le groupe terroriste. Lors d'un autre envoi au siège parisien de Lafarge, Al Jaloudi explique avoir eu une discussion avec le « senior leader » de Daech sur la « sécurité de l'usine ». Il relaie les exigences des djihadistes pour que la cimenterie tourne à plein régime : le versement de 10 % du chiffre d'affaires, la perception d'une taxe par tonne de ciment, la communication de la liste des employés pour qu'ils puissent franchir les checkpoints, etc. Autant d'informations communiquées aux officiers traitants. Les petits arrangements du cimentier avec les groupes armés ne semblent pas les passionner. La priorité reste le suivi du conflit et la défaite de Bachar al-Assad.

À partir de l'été 2014, lassé d'effectuer des allers-retours chronophages boulevard Mortier, Veillard obtient que son correspondant de la DGSE crée une adresse électronique pour échanger de manière plus aisée. L'espion choisit comme nom de code « Gros Marmotte ». *Le Bureau des légendes* semble d'un seul coup bien loin. Les mails s'enchaînent. La DGSE en veut toujours plus. Le 10 août 2014, Gros Marmotte écrit : « Décidément, je vous embête tous les jours… si vous avez des infos, notamment sur l'état

1. Procès-verbal du SNDJ intitulé « Veillard et les services », 19 février 2019.

humanitaire… merci par avance. » Le 13 septembre 2014, quelques jours avant l'occupation de l'usine par Daech, Veillard écrit à Gros Marmotte : « Bien que l'activité de l'usine soit satisfaisante […], nous allons stopper les ventes, car nos distributeurs sont obligés de traiter avec les djihadistes et cela risque de mettre tout le monde en difficulté. » Gros Marmotte, inspiré, répond : « J'espère que vous n'y laisserez pas trop de plumes. » Les échanges vont durer encore pendant un an. Au cours de l'été 2016, alors que le scandale Lafarge éclate dans la presse, la DGSE confirme dans une note confidentielle[1] la collaboration engagée avec Jean-Claude Veillard. Elle mentionne des « réunions destinées à aborder la crise syrienne, organisées régulièrement au service ». Les espions français assurent aussi ne détenir « aucun renseignement laissant supposer que l'industriel ait manqué de sincérité et ait pu travailler avec l'"État islamique[2]" ». Gros Marmotte aurait-il manqué de clairvoyance ?

La DGSE n'est pas le seul point de contact de Veillard dans la communauté du renseignement. Il dispose aussi d'un correspondant à la Direction générale de la sécurité intérieure (DGSI), dont le siège se trouve à Levallois-Perret (Hauts-de-Seine).

1. Note de la DGSE déclassifiée du 19 juillet 2016.
2. *Ibid.*

Là aussi, les informations tombent à un rythme régulier. En janvier 2013, Waerness identifie un Français converti, accompagné de son épouse venue en Syrie pour faire le djihad. Il mentionne son nom de guerre, « Mohammed Abu al-Ayoub », ainsi que son patronyme français approximatif « Kiv ». L'information transmise depuis la Syrie au siège de Lafarge atterrit dans les services antiterroristes, qui identifient Kevin Guiavarch et son épouse, Salma. À leur grande satisfaction, car la DGSI avait perdu la trace de ce djihadiste depuis deux ans. Kevin Guiavarch est l'un des premiers djihadistes français à avoir fait le voyage vers la Syrie[1]. Le correspondant de Lafarge prend la peine de remercier Veillard. Un an plus tard, un Français d'origine tunisienne, vivant en Savoie, qui a rejoint Daech, est signalé de la même manière aux services français.

L'ex-béret vert dispose aussi de ses entrées à la Direction du renseignement militaire (DRM), le service de renseignement des armées. Le voici cette fois-ci à l'École militaire, à Paris, dans un bureau situé au-dessus du centre équestre des armées, où il rencontre le lieutenant-colonel V. Une vingtaine de fois en quatre ans. Il s'agit d'échanges plus généraux sur l'« ambiance » de la

1. Interpellé en Turquie en 2016, il a été condamné en mai 2023 à quatorze ans de prison.

zone, l'état des routes, le comportement des groupes armés, les approvisionnements en eau, etc. Le 25 août 2014, sur une adresse électronique du ministère de la Défense, Veillard livre néanmoins des informations précises : « Daech vient de nous autoriser à reprendre les activités commerciales [...]. Derrière cette autorisation, il y a un agrément signé par notre ancien partenaire Firas Tlass. L'agrément consiste bien entendu à fixer un prix fixe et une variable à la tonne transportée. Cet agrément a été signé pour une période limitée et sera revu dans deux semaines en fonction des résultats. Firas Tlass [l'homme qui a organisé et payé intégralement la fête du 14 juillet 2010 dans la vieille ville de Damas avec l'ambassade de France, NDA] affirme d'ailleurs être en lien avec les services français. » Veillard dispose aussi dans son portefeuille de la carte de visite du chef d'état-major particulier du président de la République, le général d'armée Benoît Puga. Au plus haut niveau de l'État, nul ne peut ignorer la situation spécifique de cette usine au cœur d'un pays en guerre.

Les services de renseignement ont-ils utilisé Lafarge et ses relais sur place ? Oui. Ont-ils expressément demandé au cimentier de rester sur place ? L'inspecteur C., chargé de l'enquête pour les douanes judiciaires, s'est forgé une conviction. S'il rend hommage au « bon travail [*sic*] » de

Jean-Claude Veillard, il estime que les « services ont agi par opportunité et ont profité de l'aubaine d'avoir des yeux et des oreilles sur un terrain qui avait été déserté par les Occidentaux[1] ». Auraient-ils dû alerter le cimentier sur le fait qu'ils jouaient avec le feu ? Les inciter non pas à rester, mais à quitter la Syrie le plus vite possible ? « Pas leur rôle[2] », admet Veillard, qui relève néanmoins n'avoir jamais reçu la moindre consigne de prudence. La DGSE n'a pas vraiment apprécié la plaisanterie du sobriquet Gros Marmotte : l'agent qui a créé l'adresse ainsi que l'un de ses collègues qui étaient en contact avec Veillard ont fait l'objet de poursuites disciplinaires (qu'ils ont contestées) pour ne pas avoir respecté les procédures réglementaires de traitement des sources. Ils ont quitté le service[3].

1. Note du SNDJ intitulée « Veillard et les services », le 19 février 2019.

2. Entretien avec les auteurs, le 22 juin 2024.

3. Interrogée sur ce point, la DGSE n'a pas répondu à nos questions.

16

Nid d'espions

Entre le désert syrien et les faubourgs parisiens, l'enquête fait apparaître que nombre de protagonistes du dossier avaient une double vie et géraient dans l'ombre leur propre agenda. Lorsqu'il prend ses congés, le responsable sûreté de Lafarge en Syrie, Jacob Waerness, rencontre son employeur précédent, les services secrets norvégiens. Il se sent redevable vis-à-vis de son ancienne maison. Espion un jour, espion toujours. Tout comme la DGSE, les agents nordiques sont désireux d'en savoir plus sur ce qu'il se passe dans le nord de la Syrie. Malgré les demandes pressantes de son pays, Waerness n'aurait finalement pas coopéré. Ahmad Al Jaloudi, qui lui succède à partir de 2013, s'avère, lui, extrêmement actif pour son pays d'origine : la Jordanie. Il assure même avoir été recruté en janvier 2014 par la direction du renseignement jordanienne pour tenter de localiser le photographe américain James Foley et le correspondant de guerre britannique John Cantlie, enlevés en novembre 2012. Il se serait appuyé sur les « commerçants » de Raqqa proches de Daech pour obtenir des informations et aurait « participé à la localisation des otages[1] ». De la même manière, il raconte avoir rencontré l'un des émirs de Daech à Raqqa afin de tenter de récolter des données sur le pilote de chasse jordanien Maaz al-Kassasbeh[2]. Al Jaloudi prétend également avoir communiqué « en mai 2014 » des indications sur une cache de Daech à proximité de Raqqa où auraient été détenus une trentaine d'otages.

Un autre personnage clé de la cimenterie, Firas Tlass, revendique lui aussi avoir été un informateur, cette fois-ci des services français et américains. Ce n'est plus une usine, mais une centrale de renseignements ! Grâce à son équipe basée à Manbij, Tlass bénéficie d'une remontée d'informations régulière sur l'état des forces en présence. L'homme cultive en parallèle des relations suivies

1. James Foley a été exécuté le 18 août 2014 par le groupe État islamique ; John Cantlie, après être apparu dans des vidéos de propagande de l'EI, est porté disparu.

2. Maaz al-Kassasbeh a été capturé le 24 décembre 2014 et brûlé vif en janvier 2015.

avec certains diplomates. Éric Chevallier, ambassadeur de France en Syrie jusqu'en 2012, confirme avoir rencontré à plusieurs reprises Tlass en tant qu'« acteur économique important ». Il se souvient surtout avoir eu pour interlocuteur son frère Manaf, un des « défecteurs importants du régime syrien ». La famille Tlass était familière des services français avant même le début de la révolution syrienne. La sœur de Firas et son père, Moustapha (décédé le 27 juin 2017 dans un hôpital français), vivent en région parisienne depuis plusieurs années. Après sa défection, son frère Manaf a été exfiltré avec l'aide de la France en juillet 2012. Firas Tlass et ses proches incarnent (ou veulent le faire croire) un potentiel après-Bachar. La France décide de les choyer.

À partir de 2012, réfugié à Dubaï, Tlass entretient une relation régulière avec le consul adjoint du consulat de l'ambassade de France, Alexis T., qu'il semble bien connaître. Le diplomate lui assure un « bon accueil [*sic*] » et lui « facilite ses formalités[1] », car « on sait que les autres membres de sa famille étaient en France ». Le 15 décembre 2013, Tlass envoie au consul adjoint un mail pour prendre des nouvelles d'une demande de visa destinée à sa fille. Il lui envoie au passage une vidéo filmée près d'Idlib en décembre 2013 (qui

1. Audition comme témoin d'Alexis T. le 29 janvier 2021.

montrerait une école gérée par Daech) et ajoute, dans un français approximatif : « On prépare beacoup de chose. Il a un Française aussi femme d'un Tunisien à Jarablous ils parais les deux sont tre fanatic [*sic*]. » Le 4 septembre, il informe le diplomate de la présence d'un Français à Raqqa, joignant visiblement une photo. Tlass assure avoir effectué au total « 130 missions entre 2015 et 2017[1] » pour le compte de la France et avoir touché à cet effet une somme de 70 000 à 100 000 euros par mois. Alexis T. confirme que Firas Tlass a « donné des informations sur le théâtre syrien, sur les factions » et qu'elles paraissaient fiables. Mais il précise qu'en ce qui concerne Daech en Syrie, « il ne donne pas suffisamment de détails » et qu'il semble en « avoir sous le pied » : « Quand il me parle entre autres des relations entre le régime et Daech sur la fourniture de pétrole, il ne veut pas me dire comment il a eu ses informations que j'estime intéressantes[2]. » Quant aux renseignements transmis sur les Français en Syrie, « on ne pouvait rien en faire ». Une source, oui, mais moins déterminante que Tlass lui-même veut le faire penser. Pour la justice, le Syrien reste avant tout un intermédiaire qui aurait passé des

1. Enquête exclusive, M6, « Cimenterie Lafarge : la multinationale, Daech et les espions », de Guillaume Dasquié et Nicolas Jaillard.
2. Audition comme témoin d'Alexis T. le 29 janvier 2021.

accords avec les groupes armés (Ahrar al-Sham, Jabhat al-Nosra et l'État islamique) afin de garantir le bon fonctionnement de l'usine. Selon l'enquête, de nombreux écrits de sa main attestent ses initiatives prises pour trouver un accord avec les belligérants, dont l'État islamique. Cet ami de la France et des États-Unis reste néanmoins un fantôme dans la procédure judiciaire : parfaitement localisé, il n'a jamais pu être entendu ni par les enquêteurs ni par les juges d'instruction. Sous le coup d'un mandat d'arrêt, il conteste avoir commis la moindre infraction et vit à Dubaï, où il entretiendrait toujours de bonnes relations avec les services de renseignement. Ceci explique peut-être cela.

Autre acteur de ce film d'espionnage grandeur nature : Amro Taleb, une vieille connaissance de Firas Tlass. Sur le papier, ce Syro-Canadien, aujourd'hui quadragénaire, diplômé de l'université de Toronto, présente bien. Le « Dr Taleb » (il est titulaire d'un doctorat) assure avoir officié initialement comme « consultant » dans le domaine de l'environnement pour le gouvernement syrien et de grandes entreprises comme Lafarge, BP, Total… Il a donné des cours dans diverses universités syriennes et revendique des compétences aussi variées que la « maintenance des infrastructures », la « résolution des conflits », l'« aide humanitaire », en Syrie, au Liban, en Turquie, en

Jordanie. En mai 2014, il participe à un programme sur les opérations pour la paix de la George Mason University (Columbia) à l'invitation de l'ancien ambassadeur américain Robert W. Farrand, « issu de l'US Navy et proche du renseignement militaire[1] ». Le 12 janvier 2015, Amro Taleb, se présentant comme opposant au régime syrien, accorde une longue interview au journal étudiant californien *The Stanford Daily*, où il analyse la guerre civile en Syrie et la montée en puissance des groupes djihadistes. S'il ne conteste pas les exactions de ces derniers, il apporte une nuance pour le moins déroutante : « Nusra et ISIS, vous voyez la partie horriblement violente d'entre eux, mais il y a une deuxième partie qui est la partie non militaire. La plupart d'entre eux sont très instruits, ils savent comment parler aux gens, aux administrations. » Le 29 janvier 2015, il donne une nouvelle conférence à l'université américaine de Columbia sur la reconstruction de la Syrie. Voilà pour la façade publique. Côté coulisses, l'image est plus trouble.

Selon l'enquête, son contrat de consultant environnemental (dans le cadre d'opérations de crédit carbone) pour Lafarge pourrait avoir été une « couverture » pour jouer le rôle d'intermédiaire

1. Note de la DGSI déclassifiée du 29 décembre 2016.

en 2013 et 2014 entre le cimentier, ses fournisseurs (pétrole, pouzzolane) et les émirs de Daech. À force de jouer avec le feu, Lafarge aurait été prise à son propre jeu. L'homme serait devenu de plus en plus exigeant et incontrôlable. Il multiplie les prises de contact avec la direction du groupe à Paris. Le personnage est déroutant, inquiétant, menaçant même. Le directeur de Lafarge en Syrie, Bruno Pescheux, dit le craindre : « Comme Firas Tlass, il est les oreilles de personnes à un plus haut niveau[1] », déclare-t-il dans une formule un rien énigmatique. Il considère Taleb comme « immature, quelque peu mythomane, mais gonflé ». Un intermédiaire que Pescheux… continue à rémunérer 5 000 dollars par mois. Car il ne connaît pas son « pouvoir de nuisance ».

Fin 2014, alors que l'usine est occupée par les djihadistes, Amro Taleb joue le Monsieur Bons Offices pour la redémarrer. Selon lui, la production peut être relancée, moyennant le versement de 10 % des bénéfices. Il se targue de contacts avec Abou Lôqman, l'un des hauts cadres de l'État islamique (à partir de juin 2014), qu'il affirme avoir rencontré le 22 décembre 2014 à la frontière turco-syrienne en compagnie d'un homme d'affaires syrien. Abou Lôqman, wali

1. Audition de Bruno Pescheux par la police judiciaire belge, le 13 mars 2018.

(gouverneur) de Raqqa, la capitale du califat, est ensuite devenu le chef de l'Amniyat, le redouté service secret de l'organisation terroriste. La mention du nom d'Abou Lôqman, l'une des principales cibles de la coalition au sein de l'organisation terroriste, suscite l'attention de Jean-Claude Veillard et, par ricochet, des services de renseignement. Lafarge décline la proposition de deal avec l'EI.

Le 9 janvier 2015, Amro Taleb est convoqué à Paris par Christian Herrault et Veillard. L'objet de la réunion est de lui demander de cesser de se présenter comme un émissaire de Lafarge, comme il l'a fait encore récemment auprès de l'ambassade de France en Jordanie et en Turquie. Veillard, selon une expression dont il est familier, se dit qu'« il faut lui mettre son compte ». Le responsable sûreté prévient la DGSE de cet entretien. Le personnage qui se targue de contacts avec l'État islamique pourrait intéresser les services. Le rendez-vous est fixé Rue des Belles-Feuilles à 9 heures. Veillard et le service se mettent d'accord pour que Taleb quitte le bureau à 10 heures. Une filature doit s'ensuivre pour connaître les fréquentations de ce personnage énigmatique. La France vit sous le choc de l'attentat contre le journal satirique *Charlie Hebdo*, perpétré deux jours plus tôt, revendiqué par l'Aqpa (Al-Qaïda dans la péninsule Arabique), mais dont l'un des auteurs se dit proche de Daech. À l'heure dite, Amro Taleb se présente au siège de Lafarge. L'entretien est tendu. Veillard lui fait comprendre qu'il doit cesser toute action au nom de Lafarge. Taleb soumet à nouveau une proposition de reprise de l'usine par un homme d'affaires lié à l'État islamique (que Lafarge rejette). Dans un étonnant mélange de genres et de contacts, Taleb glisse qu'il connaît bien Bertrand Collomb, le président d'honneur de Lafarge, mais aussi Ian Gallienne, le gendre d'Albert Frère, l'un des principaux actionnaires du groupe ! Il laisse entendre qu'il serait consulté de temps en temps sur la Syrie par les huiles du cimentier.

À 10 heures, Veillard congédie le consultant et prévient son correspondant de la DGSE qu'ils peuvent se mettre en place. Le responsable sûreté file aussitôt dans le bureau de Bertrand Collomb – faisant fi du barrage de la secrétaire – pour lui demander s'il connaît effectivement Amro Taleb : « Oui, c'est un charmant garçon, très intelligent », lui répond-il. « Il prétend être un contact de Daech à Raqqa. Retirez tout ce que vous avez sur lui dans votre téléphone et oubliez-le », exhorte Veillard. Bertrand Collomb tombe des nues. Pendant ce temps, la DGSE arrive… en retard et rate la filature d'Amro Taleb. Acte manqué ou simple bévue des services ? Qui est cet homme ? Pour qui roule-t-il ? Quels sont ses liens réels avec Daech ?

Au sein même des services français, la question de son rôle d'informateur se pose : « En dépit des liens connus, jusque dans la presse, entre Amro Taleb et l'État islamique, l'individu semble bénéficier d'une certaine bienveillance américaine qui lui a permis d'intervenir à plusieurs reprises dans de grandes universités américaines, comme Stanford et Harvard, pour partager son expérience de "businessman" en Syrie et encourager des jeunes à investir dans ce pays[1]. » De fait, Taleb a entretenu des liens avec les services américains. Le 25 octobre 2014, il rencontre un officier du FBI au consulat général des États-Unis à Istanbul. Il confirme être en contact avec des membres de l'EIIL (devenu EI) : « Ce sont des hommes éduqués qui comprennent ce qu'il faut pour le fonctionnement des communautés », déclare-t-il, dans la droite ligne de son interview dans *The Stanford Daily*. Il assure disposer de détails sur l'endroit où se trouverait le corps de James Foley, « quelque part dans ou autour de Raqqa ». Autant dire qu'il suscite l'intérêt des agents américains. Le 22 janvier 2015, une nouvelle rencontre a lieu, cette fois-ci à Washington. Taleb confie au FBI des informations sur un certain « Abu Aisha », membre de l'EI qui dirigerait l'usine. Il communique sa photo et le numéro de téléphone.

1. Note de la DGSI déclassifiée du 29 décembre 2016.

L'homme sera identifié comme étant un Marocain, francophone, Naufal Rachid Zahri[1]. Amro Taleb livre ensuite une série d'éléments qu'il tiendrait d'anciens étudiants syriens passés dans les rangs de Daech ainsi que le résultat de ses propres observations sur l'arrivée de combattants européens dans le nord de la Syrie : « À Raqqa, le français est la deuxième langue parce qu'il y a beaucoup de combattants français qui y vivent », déclare-t-il. Il promet de transmettre au FBI toute information qu'il aurait sur des citoyens américains en Syrie. Amro Taleb cherche aussi à se rapprocher du ministère des Affaires étrangères en France pour faire des offres de service. Ce que ce dernier affirme avoir décliné.

Après moult reports, il a accepté de se rendre en France pour répondre aux questions des juges. Lors de ses auditions, il conteste tout lien avec des organisations terroristes et explique qu'il avait beaucoup menti, y compris en ce qui concerne sa rencontre avec Abou Lôqman. « Cette réunion n'a jamais eu lieu. C'était du pipeau[2]. » Comme les pressions sur Lafarge. Il affirme en revanche qu'il a travaillé en 2014 et 2015 avec la coalition pour combattre Daech. À en perdre son latin dans

---

1. Interpellé le 13 janvier 2018 en Bulgarie, Naufal Rachid Zahri a été condamné à cinq ans de prison au Maroc pour terrorisme.

2. Interrogatoire d'Amro Taleb, le 10 octobre 2019.

le désert syrien. Jusqu'au bout, le « Dr Taleb » est resté aussi insaisissable qu'une poignée de sable de Jalabiya.

Si le dossier Lafarge n'est pas une affaire d'État, elle est une affaire de l'État. Autre scène, autre lieu. Été 2012. Christian Herrault, directeur général adjoint de Lafarge et responsable de la zone Moyen-Orient, ainsi que Jean-Claude Veillard franchissent la petite grille qui mène à l'entrée du ministère des Affaires étrangères. Un huissier accompagne les deux hommes vers la salle de réunion où les attend leur interlocuteur. Ils ne prêtent pas attention aux salons ornés de lustres qui projettent le soir des ombres sur le quai d'Orsay. Vue imprenable sur la Concorde et le pont Alexandre-III. Le cœur vivant et historique de la diplomatie française – Laurent Fabius est alors le locataire des lieux – se niche au sein de l'un des plus beaux hôtels de la République datant du XIXe siècle. Les deux hommes échangent une poignée de main avec Éric Chevallier, ambassadeur de France en Syrie. Depuis que l'ambassade a fermé, il fait office de représentant de la France à Damas… depuis les bords de Seine. Mme Raja R., chargée de mission à la Direction d'Afrique du Nord et du Moyen-Orient, assiste à l'entretien. Présentations. Amabilités. Échanges de cartes de visite. Ce sont les seuls éléments partagés et reconnus par les participants à ce rendez-vous. Pour le reste, tout diverge.

Selon Christian Herrault, la conversation aurait tourné autour de la situation en Syrie et sur la position de l'usine, « qui se trouve en zone kurde ». La chargée de mission conserve, elle, le souvenir d'un échange centré sur des « problèmes sécuritaires ». Le cimentier se voit alors déjà confronté à des problèmes de checkpoints sauvages, de vols, de rackets, et craint une confrontation entre les Kurdes et l'Armée syrienne libre. Lorsque Chevallier raccompagne Herrault à la sortie, l'ambassadeur, qui se trouve à sa droite (et l'assistante à sa gauche), lui aurait glissé : « Vous devriez rester, les troubles ne vont pas durer[1]. » Ce que le diplomate dément. Lors de l'enquête, Éric Chevallier a même contesté l'existence de cette réunion. Lorsque Christian Herrault a mentionné la présence d'un témoin du ministère, Mme Raja R., il a finalement reconnu qu'elle avait existé, tout en maintenant qu'il n'en avait aucun souvenir. Herrault assure que dès 2012 « tous les six mois on allait voir le Quai d'Orsay qui nous poussait à rester ». Il aurait rencontré Chevallier à deux autres reprises, le 14 décembre 2012 et durant l'été 2013. Lors de ces échanges, Christian Herrault explique avoir compris que la position française en général et d'Éric Chevallier en particulier était que Bachar

1. Confrontation entre Christian Herrault et Éric Chevallier le 9 janvier 2018.

al-Assad était la cible numéro 1 et qu'il allait tomber. La France soutient l'opposition syrienne sur les plans politique et militaire. Un nouvel État de droit va se mettre en place sous peu. Lafarge n'a qu'à attendre sagement que le vent tourne. Il y aura un pays à reconstruire. Herrault évoque encore une longue conversation téléphonique avec le diplomate qui aurait eu lieu au cours de l'hiver 2013-2014. Selon Herrault, Chevallier était tout à fait informé des pratiques du cimentier pour continuer à fonctionner en zone de guerre : « Il était au courant du racket, je lui avais dit que c'était Firas Tlass qui gérait notre environnement[1]. » Il construit un raisonnement qui relève d'une forme de syllogisme : la ligne de la France est de soutenir les milices sans distinction (comme la Turquie, le Qatar) ; Lafarge se conforme à cette ligne diplomatique, donc Lafarge n'est pas en faute. « Personne ne nous a dit : "Maintenant, il faut que vous partiez[2]" », poursuit Herrault. Si Éric Chevallier confirme qu'« évidemment, il connaissait l'usine » et qu'il a rencontré les dirigeants de Lafarge en Syrie, pour le reste, le trou noir. *Niente*. Il n'a gardé aucun souvenir d'avoir rencontré des dirigeants de Lafarge entre mai 2012

1. Confrontation entre Christian Herrault et Éric Chevallier, le 9 janvier 2018.

2. Audition libre de Christian Herrault, le 3 avril 2017.

(après la fermeture de l'ambassade) et juin 2014. Il prétend encore moins « avoir demandé à Lafarge de rester en Syrie[1] ». Ni avoir été au courant que le cimentier négociait avec Daech : « Lafarge n'était pas dans mon quotidien. » Entre les deux hommes, il y a un menteur ou un amnésique. L'épisode révèle en tout cas l'embarras de la diplomatie française dont l'objectif à l'époque était bien de faire tomber Bachar. À tout prix. D'autres rendez-vous ont eu lieu avec le successeur d'Éric Chevallier au Quai d'Orsay, Franck Gellet. Le premier s'est déroulé le jour même de l'attaque de l'usine, le 19 septembre 2014. Selon le diplomate, Herrault et Veillard auraient spontanément déclaré qu'ils n'avaient aucun contact avec les forces kurdes ou Daech. Deux autres entretiens auraient suivi en janvier et décembre 2015 pour gérer le devenir de l'usine et tenter de la préserver de toute attaque aérienne des forces alliées.

Pour tenter de démêler le vrai du faux, la juge d'instruction, Charlotte Bilger, a convoqué le 20 juillet 2018 Laurent Fabius, ex-ministre des Affaires étrangères devenu président du Conseil constitutionnel, dans son bureau. Sans surprise, il n'en est pas sorti grand-chose. Prolixe sur la stratégie de la France, qui a consisté globalement à

1. Audition comme témoin d'Éric Chevallier, le 8 novembre 2017.

soutenir l'opposition démocratique, tout en veillant à ne pas armer les terroristes qui ont supplanté l'Armée syrienne libre, ainsi qu'à chercher une solution politique pour obtenir le départ de Bachar (en négociant avec la Russie et l'Iran), Laurent Fabius s'est avéré beaucoup moins disert sur le cimentier : « Je n'ai jamais été saisi d'une question concernant Lafarge. » Il assure n'avoir jamais donné la moindre consigne pour le maintien ou non de l'usine en zone de combat. Il reconnaît avoir rencontré Bruno Lafont dans le cadre des fonctions qu'il occupait au Medef pour la préparation de la COP 21 entre 2013 et 2015, mais que ce dernier – bien sûr ! – ne lui a jamais parlé de l'usine syrienne. Un fantôme au milieu du désert que beaucoup semblent vouloir oublier. De Damas à Paris, jusqu'en Belgique.

17

Il ne faut pas déranger Albert

Son épouse a donné des consignes strictes. « Ne surtout pas en parler à Albert ! » Le vieil homme, Albert Frère, à la retraite depuis 2015, vit reclus dans sa maison de Gerpinnes, dans le Hainaut belge. Il soigne un vilain cancer, et sa famille ne souhaite pas le perturber avec l'affaire Lafarge, une entreprise dont il était le principal actionnaire. Elle se demande qui a transgressé la règle et comment lui sont arrivées aux oreilles les mauvaises nouvelles. Le 14 novembre 2017, la panique règne dans les bureaux du Groupe Bruxelles Lambert (GBL), qu'il a fondé il y a plus de quarante-cinq ans. Ses héritiers, Gérald, son fils, Ian Gallienne, le mari de sa fille Ségolène, et Gérard Lamarche, annoncé comme l'un de ses dauphins, sont rattrapés par le scandale touchant le cimentier dont ils ont été les administrateurs et les vrais patrons entre 2008 et 2015. Pendant que les enquêteurs français perquisitionnent le siège de la rue des Belles-Feuilles à Paris, ceux du Royaume inspectent leurs bureaux et aspirent les données des ordinateurs de la holding de GBL. Les magistrats des deux pays ont coordonné leur action. La juge française Charlotte Bilger a reçu de la Place Vendôme l'autorisation de créer une équipe commune d'enquête entre Paris et Bruxelles[1]. Depuis une loi de 2000, ce type de coopération au sein des Vingt-sept, plus souple que la commission rogatoire internationale, permet d'enclencher rapidement une opération. Ils vont pouvoir partager le produit de leurs récoltes. Les Belges n'attendaient que cela. Le 30 octobre, le parquet de Paris avait fait part au procureur fédéral de Bruxelles des soupçons pesant sur les actionnaires belges du cimentier. Il ressort des premières investigations des Français que ceux-ci auraient « poussé en direction de la Syrie ». En clair, les actionnaires belges auraient été informés des transactions et auraient participé à la décision de maintenir l'établissement ouvert.

1. Conformément à l'article 13 de la convention du 29 mai 2000 relative à l'entraide judiciaire en matière pénale entre les États membres de l'Union européenne et à la décision-cadre du Conseil du 13 juin 2002 relative aux équipes communes d'enquête.

Outre-Quiévrain, le dossier concernant l'empire de l'un des hommes les plus riches de Belgique est particulièrement sensible. Une affaire sur mesure pour Isabelle Panou. La juge d'instruction est une légende du tribunal de Bruxelles. Sa ténacité n'a pas d'égale. Elle a construit seule le dossier des attentats du 13 novembre à Paris, mais côté belge. Le terrorisme islamique, elle connaît. Dès le 2 novembre, elle se met au travail. Après qu'une équipe d'enquêteurs a investi le siège de GBL, une autre part dans le sud du pays, dans la province du Luxembourg, pour visiter le domicile de Gérard Lamarche, administrateur délégué de GBL. En sa qualité de président du comité d'audit de LafargeHolcim, qui a piloté le rapport interne réalisé par Baker McKenzie, il a droit à un traitement plus approfondi. Les agents de police ont saisi au siège de GBL un exemplaire du rapport Baker McKenzie dans lequel il manque des pages et espèrent les retrouver chez lui. Ils quittent Bruxelles vers 17 heures, se perdent en arrivant dans les 2 000 hectares de forêt qui entourent le domaine et finissent par sonner à la porte du château, vers 19 heures. Ils sont accueillis par sa femme. Gérard Lamarche se rêve baron, il est déjà propriétaire d'une demeure digne de ce titre située dans une réserve naturelle, le Bois-de-Saint-Jean. Les enquêteurs repartent après 21 heures, car outre les bureaux et autres salles de réception, il leur a fallu parcourir quelque vingt-six chambres. Au même moment, à Paris, Gérard Lamarche est interpelé dans l'hôtel de luxe de la rue du Faubourg-Saint-Honoré, où il loge. Il passe trois heures dans sa chambre avec sept policiers qui lui ont pris ses deux téléphones et sa tablette. L'administrateur rejoint son épouse à 4 heures du matin. Plusieurs médias annoncent qu'il a été arrêté. La rumeur bruisse.

Choqués, les anciens administrateurs prennent conscience du *reputation risk* que présente l'affaire syrienne. Jusqu'ici, ils se félicitaient d'avoir réussi à circonscrire le sujet à Paris et au siège du groupe français. Mais cette opération de police leur montre que le danger se rapproche. Ils détenaient 20 % des actions du cimentier, ont donné leur bénédiction à l'achat d'Orascom, participé à tous les conseils d'administration entre 2011 et 2015 au cours desquels la question de l'usine de Jalabiya aurait pu ou dû se poser. Enfin, ils sont désormais au conseil d'administration de Lafarge-Holcim à hauteur de 9 %. Un géant issu d'une fusion qu'ils ont orchestrée. Outre les désagréments liés aux investigations, ils redoutent surtout la mauvaise publicité pour le cœur même de leur activité. Quelle grande entreprise – et ils sont présents au *board* de onze groupes de taille mondiale – va accepter d'avoir à sa table pour valider sa stratégie et contrôler ses comptes des hommes éclaboussés par des accusations de financement de terrorisme ? Ils s'appellent rapidement pour échanger leurs impressions sans savoir qu'ils ont tous été mis sur écoute. Ian Gallienne, en voyage aux États-Unis, ne semble pas pressé de rentrer. Paul Desmarais, l'associé canadien, a quant à lui l'intention de rester dans son pays pour l'instant. De l'autre côté de l'Atlantique, l'épisode l'amuserait presque : « Tout grand patron français passe par là, non ? » Les événements font moins rire Gérald Frère, le fils aîné d'Albert, retraité lui aussi. Il a quitté le conseil d'administration en 2011 et ne veut plus être « emmerdé avec GBL et ses prises de participation ». Il se rassure en se répétant qu'il ne sait rien de ces magouilles internes à Lafarge, mais il pressent déjà que c'est justement ce qui peut leur être reproché. Des administrateurs passifs sans grande curiosité. Excessivement naïfs ? Chez GBL, on cherche à retrouver le moment où les premières alertes sur la Syrie sont remontées jusqu'à eux. Lamarche a le souvenir d'avoir demandé à Lafont « fin 2012-début 2013 » lors d'une réunion si « compte tenu de la situation et des risques, il ne convenait pas de quitter certains pays[1] », sans imaginer des liens avec des groupes comme l'État islamique. Le

1. Audition de Gérard Lamarche le 13 décembre 2017 par la police belge.

patron de Lafarge lui aurait répondu par la négative. Un mail aurait été envoyé à ce dernier (qui n'a pas été retrouvé). Plus sûrement, c'est en mai 2016 que Lamarche a été affranchi du fait que d'anciens salariés ou fournisseurs avaient lancé des accusations contre le patron local. Il y a eu la publication de mails incriminants sur un site syrien, mais le juriste de Lafarge avait géré avec son assistante sans faire remonter les infos. Puis il y a eu l'article du *Monde*, particulièrement bien informé. Avec Beat Hess, le nouveau patron du conseil d'administration de Holcim, Gérard Lamarche, considère qu'ils ont réagi comme il le fallait en déclenchant l'intervention du cabinet Baker McKenzie. Pourtant, les Suisses sont rétifs à toute communication. Il n'y a aucune défense officielle. Comme si toute l'entreprise et ses salariés avaient pactisé avec le diable ! Va-t-on désormais leur reprocher d'avoir voulu faire le ménage pour dissimuler des preuves embarrassantes pour eux ? Il est vrai qu'aucun administrateur ou actionnaire n'a fait partie du champ de l'enquête interne...

L'inquiétude grandit. Gérard Lamarche imagine que les anciens salariés de Lafarge remerciés depuis les révélations des négociations entre les dirigeants de l'usine ou leurs intermédiaires et les groupes armés, dont Daech, cherchent à se venger, car c'est lui qui a géré les équipes de Baker

McKenzie. Depuis, une dizaine d'anciens de Lafarge ont quitté l'entreprise. Une purge pour la partie française de la nouvelle entité. Il avait des relations exécrables avec Éric Olsen, l'ex-DRH devenu DG de LafargeHolcim, notamment. Pour d'autres raisons, il se méfie également de Ian Gallienne, le gendre d'Albert Frère, avec lequel il partage le pouvoir au sein de GBL. Il était beaucoup moins impliqué que lui Rue des Belles-Feuilles et il n'a absolument pas géré la crise. Membre de la famille Frère, ne va-t-il pas profiter de cette période trouble pour l'écarter définitivement de la succession à la tête du groupe ? Les deux hommes travaillent ensemble, leurs bureaux sont voisins, ils se sont partagé les entreprises dans lesquelles la holding est présente : Imerys, Total, SGS, Pernod-Ricard… mais n'ont guère d'affinités.

Les Belges ne sont qu'au début de leurs épreuves. Après les perquisitions, le 27 novembre, Gérald Frère, Ian Gallienne, Paul Desmarais et Gérard Lamarche reçoivent des convocations. Ils savent que trois cadres français de l'entreprise viennent d'être mis en examen pour financement de terrorisme et que Bruno Lafont, Éric Olsen et Christian Herrault sont attendus à la douane judiciaire d'Ivry le 6 décembre au matin avec, vraisemblablement, le même destin. Ils se sont tous préparés avec leurs avocats respectifs avant le jour J. Le 13 décembre, devant les officiers de la police judiciaire, ils livrent un discours assez proche, se refusant à tout commentaire sur les déboires judiciaires des cadres français. Mais la personnalité de chacun d'eux perce derrière le vernis de la prudence. Gérald Frère manifeste sa lassitude face à une entreprise dont les performances l'ont déçu. Pour lui, il fallait réussir cette fusion avec Holcim, car c'était la seule manière de redresser Lafarge. Le navire prenait l'eau, et sans elle, GBL aurait dû le renflouer en permanence. Paul Desmarais fils, héritier d'une fortune colossale au Québec, partageait le même constat de façon plus cash. À l'anglo-saxonne. Lafarge était endettée en raison du rachat d'Orascom, mais aussi des acquisitions coûteuses de Bertrand Collomb en Grande-Bretagne, où il avait jeté son dévolu sur Redland et Blue Circle. Les managers de Lafarge avaient des ambitions internationales pour leur champion français. Chaque fois, ils ont fait des choix judicieux, mais contrariés par une crise économique ou un Printemps arabe.

À l'époque de l'investissement égyptien, Desmarais se souvient d'avoir été consulté. Devant les policiers, son récit à la première personne de leur conversation sur le deal est un morceau de choix. Lafont, à propos d'Orascom : « C'est tout le Moyen-Orient, une entreprise de la famille la plus fortunée d'Égypte. Je lui demande où ils sont implantés. Réponse : "en Irak" – bof –, "en Syrie"

– ça va… À l'époque, il n'y avait pas de problèmes en Égypte – "et ensuite en Corée". Je lui dis "enfin un pays stable" et il me répond "ben non, c'est la Corée du Nord". Je lui rétorque : "Quoi ? *Are you joking* ?" Je croyais qu'il se foutait de ma gueule. Eh bien, non, il était sérieux. » Paul Desmarais reconnaît qu'il a insisté pour que cet achat soit financé afin d'augmenter la « relution »[1] des actions. En résumé, il s'agissait pour GBL de valoriser sa participation au passage, même si cela devait fragiliser l'entreprise. Il s'avère être le seul à s'être rendu en Syrie entre le 25 et le 28 janvier 2010. Un voyage éclair, puisqu'il incluait plusieurs autres étapes, l'Égypte, l'Irak et la Jordanie. Desmarais gérait sa participation chez Lafarge en milliardaire. Certes, il voyait Bruno Lafont à tous les conseils d'administration et organisait avec lui un ou deux déjeuners par an pour parler business. Mais il avait pris l'habitude de le recevoir chez lui au Québec chaque mois de juillet pour une partie de golf. En 2014, au moment du rapprochement de Lafarge et de Holcim, il avait convié à ce rendez-vous devenu rituel Thomas Schmidheiny, un autre milliardaire, le principal actionnaire du cimentier suisse Holcim, et son bras droit, Dieter Spälti. À toutes fins utiles, à l'issue de ses longues

1. La relution permet aux associés de voir le bénéfice par action augmenter.

heures d'audition, il précise avoir été, avec sa famille, victime de menaces terroristes dans les années 1970 au Québec. Et être le premier citoyen au Canada à avoir obtenu la médaille « True Patriot Love » pour avoir supporté les « forces canadiennes ayant combattu le terrorisme en Afghanistan et en Irak ». Pas de quoi émouvoir la juge, qui a reçu dans son cabinet Salah Abdeslam, l'un des membres du commando du Bataclan et des terrasses.

Gérard Lamarche, interrogé pendant près de douze heures, ne fait, lui, pas de sentiment. Questionné sur ce qu'il reproche à Lafont et Olsen au terme de l'audit interne qu'il a piloté, il résume : « D'être au minimum informé et de ne pas avoir réagi. Le premier problème dans cette affaire, c'est d'avoir versé de l'argent à des groupes armés. Le deuxième, c'est de ne pas avoir, apparemment, respecté les réglementations en matière d'embargo. Le troisième problème, c'est d'avoir mis en danger la vie de certains employés. C'est tout à fait inacceptable. » Un réquisitoire sans appel. Pour expliquer pourquoi cette enquête interne dont l'objet devait être d'analyser les raisons du fiasco syrien n'a pas inclus dans sa saisine le conseil d'administration, il répond laconiquement : « Le rapport vise l'établissement des faits et non la détermination des responsabilités individuelles. Par ailleurs, le conseil d'administration de

Lafarge SA n'avait pas été informé des faits litigieux. » Dont acte. Mais pour trouver, il faut chercher. Ce volet belge s'est finalement conclu par un non-lieu le 19 avril 2024. Aucune charge n'a été retenue contre GBL ni ses administrateurs.

18

Le deal américain

Dans une salle de réunion du tribunal de Paris au début de l'année 2018. Le magistrat américain, accompagné de membres de l'ambassade, arrive avec des PowerPoint et se lance dans un savant exposé sur les investigations en cours aux États-Unis sur Lafarge. Lui et le parquet de Paris ont pris attache quelque temps auparavant. Dans la pièce, les deux juges français chargés du dossier, Charlotte Bilger et David De Pas, une assistante spécialisée, le chef d'enquête du SNDJ et sa patronne, qui s'ennuie et s'éclipse à mi-parcours. Très rapidement, les Français s'aperçoivent qu'il n'y a pas grand-chose à tirer de cette rencontre. Ils ont plusieurs longueurs d'avance sur leurs visiteurs et comprennent ce que ces derniers sont venus chercher : le rapport Baker McKenzie. Ce précieux document pourtant réalisé par une agence américaine et un ancien magistrat du DOJ (Department of Justice) leur est inaccessible ! La France se trouve en effet être un des rares pays au monde qui ne reconnaît pas le *legal privilege* ou du moins le limite fortement. Cette disposition née de la *common law* britannique protège les consultations juridiques internes commandées par les entreprises d'un secret équivalent à celui du médecin et de l'avocat. En France, depuis une dizaine d'années, les grands groupes multiplient le lobbying auprès des parlementaires pour obtenir la modification de la loi en leur faveur. En vain. C'est la raison pour laquelle les enquêteurs ont eu accès à la prose de Ryan Fayhee sans trop de difficultés. Certes, la juge Charlotte Bilger a dû un peu batailler. Pour lever tout obstacle, il fallait qu'il lui soit remis par l'avocat de LafargeHolcim, et le cabinet Darrois-Villey s'est fait prier pour le principe. Mais en réalité, il y avait tout intérêt et avait à cœur de prouver la bonne foi de son client, et les Suisses étaient peu enclins à se sacrifier pour les anciens cadres de chez Lafarge.

Avec le Foreign Corrupt Practices Act, FCPA, loi anticorruption adoptée en 1977 et plusieurs fois perfectionnée depuis, les Américains se sont en effet donné une compétence quasi universelle en la matière. Une transaction en dollars, des conversations téléphoniques émises depuis un appareil équipé d'une puce *made in USA* ou des mails transitant sur des serveurs américains leur suffisent pour considérer que l'infraction se commet sur leur territoire. C'est l'extraterritorialité du dollar et du courrier électronique. Leur action s'inscrit dans le cadre d'une convention de l'OCDE ratifiée par la France en 1999 qui induit la coopération des pays signataires. Le cas Lafarge réunit les deux conditions. Après 2012, la plupart des échanges sur la Syrie entre les cadres de l'entreprise ne passent plus par l'adresse professionnelle Lafarge, mais par leurs boîtes personnelles, principalement Gmail et Yahoo. Par ailleurs, les paiements aux groupes armés, dont Daech, transitent par les banques américaines. En effet, à l'époque, 80 % des compensations de change étaient effectuées par des banques situées à... New York. CQFD.

Après plusieurs rencontres, les deux juridictions passent un deal. Le rapport McKenzie et des informations sur l'énigmatique Amro Taleb, intermédiaire syro-canadien entre Lafarge et Daech qui se donne des airs d'agent double, contre les mails personnels entre Pescheux, Tlass, Herrault, Veillard et consorts détruits par ces derniers. La transaction ne va pas de soi et les discussions s'éternisent. À Paris, personne n'est dupe du danger de livrer un nouveau géant européen à l'Oncle Sam. Tout le monde a à l'esprit l'amende record de 9 milliards d'euros payée par BNP

Paribas pour avoir violé des embargos en Iran ou à Cuba, ou encore la condamnation à 772 millions de dollars d'Alstom, l'une des plus fortes sanctions jamais infligées à une entreprise industrielle européenne pour des bakchichs en Indonésie. Un des dirigeants de l'entreprise, Frédéric Pierucci[1], a été emprisonné deux ans dans les pires prisons américaines avant qu'un plaider-coupable ne soit conclu entre son ancien employeur et le fameux DOJ. L'année suivante, très affaiblie, Alstom a vendu sa division électrique à GE (General Electric), son concurrent de Boston. Les Américains sont transparents avec leurs collègues parisiens et leur expliquent comment ils envisagent de calculer la sanction financière de Lafarge en cas de poursuite : le nombre de jours d'exploitation de l'usine pendant la période Daech multiplié par le chiffre d'affaires de l'usine multiplié par un indice de pénalité.

Le caractère terroriste de la partie « contractante » et l'habitude des services français de travailler régulièrement avec les États-Unis, aux moyens technologiques considérables, l'emportent sur le patriotisme économique. Une demande de commission rogatoire internationale est envoyée par Charlotte Bilger, Renaud Van

1. Rencontre avec les auteurs le 19 juin 2024. Auteur du livre, avec Matthieu Aron, *Le Piège américain*, JC Lattès, 2019.

Ruymbeke et David De Pas en juillet 2018. Traversé par les mêmes réticences, le ministère de la Justice met peu d'entrain à répondre, mais s'exécute. Lentement. En septembre 2019, les Américains invitent les Français à New York pour les remercier de leur aide précieuse. La justice a de faibles moyens, mais Charlotte Bilger, David De Pas et l'expert-comptable qui travaille avec eux réussissent à obtenir de quoi couvrir correctement les frais de ce déplacement exceptionnel, billets d'avion, hôtel et repas compris. Le chef d'enquête douanier n'a pas la même chance. Il a un budget si serré qu'il doit dormir dans une auberge de jeunesse. Au sein du SNDJ, l'anecdote fait, selon les jours, rire ou pleurer ! Les agents fédéraux organisent un voyage sur mesure. Une invitation dans un restaurant élégant de Big Apple – à Paris, ils avaient eu droit à la cantine du Palais de justice –, un tour de l'Hudson sur le bateau de la police, une balade au pied de la statue de la Liberté. Le séjour n'est cependant pas qu'une partie de plaisir, les Français sont là pour travailler. Sur place, l'administration met à leur disposition quatre ordinateurs équipés du logiciel Relativity. L'intelligence artificielle leur fait de gagner un temps précieux en permettant des recherches rapides par mot-clef, quelle que soit la nature du document. En quelques jours, ils exhument des milliers de mails et de documents supplémentaires.

Les échanges sont édifiants et valident leurs intuitions. Ils permettent de remonter le temps et de comprendre quelle était la vie de cette usine, au cœur d'une zone d'affrontement entre les Kurdes et Daech, pilotée depuis Le Caire et Paris. Ils montrent au jour le jour comment se sont noués d'étranges liens commerciaux entre Lafarge Cement Syria et les groupes armés. On y découvre les savants calculs des comptables pour évaluer le rendement à la tonne de ciment une fois les différentes dîmes perçues. Un engrenage infernal. Entre les lignes se dessinent les ambitions de l'État islamique et un début d'organisation. Mais aussi sa crapulerie lorsqu'il offre à Lafarge de bloquer les importations turques pour lui permettre de maintenir des prix élevés. Cette correspondance électronique confirme également le rôle de Tlass ou de ses émissaires, toujours prêts à apporter leur aide contre rémunération. L'insistance de Taleb pour tenter de s'imposer comme interlocuteur entre l'EI et Lafarge.

L'exploitation de ces données fait apparaître qu'au début de l'été 2014, la teneur des conversations au sein de Lafarge change. La pression devient insoutenable. À cette époque, un nouveau responsable pays, Frédéric Jolibois, plonge dans le chaudron syrien. Ce Lafarge *boy*, entré dans la maison en 1992, est d'un tempérament voyageur. Formé à l'École des mines de Paris, il a choisi « les sols et les sous-sols, car c'est un gage de mobilité[1] ». Après plusieurs années passées en France, au Havre et à Port-la-Nouvelle, près de Narbonne, où il s'est marié, il a pris le large : en Jordanie, au Chili, puis en Chine, où il dirigeait une filiale de 1 000 personnes depuis quatre ans lorsqu'en avril 2014 Christian Herrault l'a appelé pour lui proposer le poste de directeur de pays. Jolibois ne peut pas refuser cette promotion qui le propulse dans le top 200 du groupe. Il a été patron industriel, directeur d'usine, cette offre le catapulte à l'étage supérieur. Ce grand gars ambitieux a les rêves classiques des expatriés d'un grand groupe industriel français. Prendre du galon sans devoir repasser par le siège, où il a officié deux ans. Il se sentait à l'étroit Rue des Belles-Feuilles. La politique n'est pas sa tasse de thé. À 45 ans, il veut se rapprocher de l'Europe. Il accepte donc le poste de Damas « sans enthousiasme », mais par intérêt de carrière. Du moins le pense-t-il. La fusion avec Holcim a été annoncée et elle pourrait rebattre les cartes. Le Moyen-Orient, à l'époque point fort de Lafarge, ne devrait pas faire partie des cessions. Jolibois a de la bouteille, la confiance de la boîte, une première expérience dans le monde arabe et une solide connaissance industrielle. Il comprend néanmoins vite que les débuts vont être laborieux et qu'il va

1. Entretien avec les auteurs, le 7 novembre 2024.

devoir diriger l'usine depuis... une chambre d'hôtel d'Amman (Jordanie) avec son vieil ordinateur chinois et un téléphone.

Avant de prendre son nouveau job, Jolibois n'a eu droit qu'à une seule rencontre avec Pescheux et Firas Tlass, à Dubaï, à la fin du mois de juin 2014. Un stop sur la route entre Canton et Paris. Sa connaissance de la zone semble très floue. Ses interlocuteurs lui assurent qu'« il faut tenir jusqu'à ce que Bachar tombe[1] ». Aux yeux de Jolibois, Firas Tlass, actionnaire historique de LCS, apparaît en situation de défendre les intérêts de la filiale syrienne, un homme d'affaires du « bon côté », car dissident du régime syrien. Personne ne lui parle de terrorisme, car « l'ennemi, c'est Bachar al-Assad[2] ». L'un des sujets de préoccupation de l'été 2014 est la confiscation des biens de Firas Tlass par le gouvernement syrien, qui risque ainsi de devenir actionnaire du groupe. Des vérifications sont menées pour savoir si dans ce cas de figure, Lafarge violerait les sanctions internationales contre le régime de Damas. Jolibois n'est pas destinataire des comptes-rendus du comité sûreté. Mais il comprend que Tlass a des relations avec des groupes « rebelles » pour « assurer la sécurité du personnel ». Il n'a jamais été « confronté à ce

1. *Ibid.*
2. *Ibid.*

type de situation », car il a « jusqu'alors exercé dans des pays stables ». Rapidement, la réalité de la Syrie et des arrangements avec les djihadistes et les Kurdes le rattrape. Il se glisse dans les pas de son prédécesseur. Par loyauté avec son employeur et parce que – selon lui – il n'a pas toutes les cartes en main pour comprendre.

Car la situation se détériore autour de l'usine. Le 10 juillet, dans un mail recueilli par les enquêteurs américains, Christian Herrault en informe Bruno Lafont : « Nous avons arrêté notre four et notre *power plant* avant-hier. Les routes d'accès sont contrôlées par ISIS [autrement appelé EIIL ou Daech] et l'activité commerciale n'était plus possible. Il y a des combats violents entre ISIS et les Kurdes autour de l'usine (c'est une conséquence des événements en Irak). Nous avons décidé d'arrêter l'activité de production en attendant d'y voir plus clair et d'avoir des accords clairs avec les belligérants pour la poursuite de l'activité sans prendre de risques inconsidérés. Je t'informerais s'il devait y avoir des évolutions significatives de la situation. » Le 26 juillet, toujours dans ces échanges sur les boîtes mails personnelles, Jean-Claude Veillard livre à Christian Herrault et à Frédéric Jolibois – cette fois-ci dans le bain – une analyse d'une grande lucidité : « Je crois qu'il faut que l'on soit prêts à voir passer l'usine sous le contrôle des nouveaux occupants qui, à mon avis, ne vont pas tarder à mettre un terme à la domination kurde dans cette zone. Dès qu'Aïn Issa va tomber, l'axe Aïn Issa-Manbij *via* Sarrine sera sous contrôle de l'EI et nous devrons composer. Au-delà de l'intérêt de faire tourner ce site, il faudra s'interroger et dire clairement si nous sommes disposés à traiter avec des réseaux classés terroristes par certains pays, dont l'UE. Ce deal passera peut-être par un intermédiaire kurde du PYD, mais il ne faudra pas s'y tromper, nous participerons au financement du djihad syrien. De mon côté, j'ai vainement essayé d'activer mes contacts, mais c'est le silence sur la fréquence, autant dire encéphalogramme plat. Nous sommes seuls ou presque. Il nous reste le sempiternel joker Tlass. Notre impuissance est frustrante. »

Le « sempiternel Tlass » joue son rôle. Pendant le mois de juillet, période de ramadan, le temps semble s'être arrêté, mais dès le 5 août, il expose à Jolibois – dans un nouveau courriel qui laisse les enquêteurs pantois – les termes de l'accord qu'il a négocié. Depuis 2013, la firme est rackettée par Daech. Désormais, il s'agit de contractualiser les choses, car l'EI s'implante et tente d'organiser son califat :

« *The first party, Al Jabalyia cement factory, the second party, The Islamic state. The two parties have agreed that the factory will pay 10 % of the company production profit and the permission to pass through the Islamic state land. However Islamic state secure the safety of the company vehicles while passing freely through this land. The company must assure to provide profit invoices any tow and the company pay the due amount in twice installments twice a week*[1]. »

Dans les mails suivants, Jolibois discute les exigences de l'État islamique (qu'il semble découvrir à ce moment-là) puis s'étonne du temps que prennent les choses à se mettre en place. Tlass tente de le rassurer en lui expliquant qu'Al-Baghdadi[2] lui-même doit viser le document. Les employés sont bloqués. L'EI revoit l'accord et augmente ses tarifs. Le collecteur de Daech tarde à

1. « La première partie, la cimenterie Al Jabaliya, la seconde partie, l'État islamique. Les deux parties ont convenu que l'usine paierait 10 % des bénéfices de la production de l'entreprise et qu'elle serait autorisée à traverser le territoire de l'État islamique. Toutefois, l'État islamique garantit la sécurité des véhicules de l'entreprise lorsqu'ils traversent librement ce territoire. L'entreprise doit s'assurer de fournir des factures de bénéfices à tout moment et l'entreprise doit payer le montant dû en deux versements, deux fois par semaine. »

2. Le chef de l'État islamique en Irak et en Syrie éliminé le 27 octobre 2019 par les forces spéciales américaines.

récupérer les fonds, car il craint de quitter Raqqa et de se faire enlever par les Américains. Depuis sa chambre d'hôtel, le nouveau « patron pays » veut faire ses preuves. Il ne peut imaginer que son entreprise puisse être hors des clous. Donc il exécute sans se poser la question de sa responsabilité individuelle. L'ordre vient d'en haut, il doit être exécuté. Le 16 août, Veillard manifeste son impatience auprès d'une collaboratrice. « Après une énième discussion, Christian[1] a enfin admis qu'il pouvait y avoir un risque à faire des affaires avec ISIS. »

Un « risque » d'autant plus avéré que le responsable juridique syrien avertit le même jour Jolibois qu'une résolution a été prise la veille par le Conseil de sécurité de l'ONU contre l'État islamique. Jolibois interroge un juriste de Lafarge SA, qui lui répond : « Peux-tu me donner plus de renseignements sur Da'ash[2] ? » (Il ignore que c'est l'autre appellation de l'État islamique.) Herrault, visiblement plus alerte sur le sujet, précise une heure plus tard : « Tu n'as pas besoin de beaucoup de recherches pour voir qu'au niveau international, ce sont des terroristes purs et durs[3]. » Jolibois

1. Christian Herrault.

2. Courriel du 17 août 2014 envoyé à MM. Jolibois et Herrault.

3. Courriel du 17 août 2014 envoyé par M. Herrault à M. Khodara.

assure poser des questions : « Est-ce que cela s'applique aux États, aux entreprises ? A-t-on le droit d'acheter des matières premières dans les zones contrôlées par l'EI ? Le groupe est-il encore en conformité avec les règles internationales ?[1] » Il dit que personne ne lui répond, qu'il « rentre dans un système presque malgré lui ». Selon Jolibois, la direction juridique ne réagira auprès de la direction générale qu'en septembre, après son passage au siège du groupe.

Le 25 août, d'après les mails fournis par les Américains, l'EI semble remplir ses engagements, car les routes se débloquent. Le 4 septembre, Jolibois – soucieux du détail – reproche à Tlass que le nom de Lafarge apparaisse sur les laissez-passer de Daech. Quatre jours plus tard, l'activité de production reprend. Firas Tlass reçoit à deux reprises des montants supplémentaires pour redistribution aux groupes armés (environ 60 000 dollars). Fin août, Jolibois est rentré en France pour des raisons personnelles. Avant de retourner à Amman, il s'arrête à Paris. Il voit Herrault, et apprend qu'une décision imminente doit être prise concernant la Syrie. Le 11 septembre, dans un nouveau mail, Jolibois fait un point de la situation à Herrault, qui est en déplacement. Le service juridique lui a demandé de « suspendre tous les

1. Entretien avec les auteurs, le 7 novembre 2024.

paiements et d'attendre les instructions qui doivent être données après une réunion avec BL[1] dans les prochains jours. » Jolibois semble alors vouloir maintenir l'activité de l'usine coûte que coûte : « Je ne voudrais pas que des décisions soient prises sur la base de renseignements erronés ou tronqués même si je comprends qu'aucun risque ne doit être pris qui gênerait la réalisation de la fusion avec Holcim. Hier, j'ai transmis à Jean-Claude des documents émis par nos distributeurs à Manbij et Raqqa. D'après les infos reçues aujourd'hui, il n'y a plus de laissez-passer écrits pour les *shuttle bus* de nos employés. Je n'ai pas transmis ces infos à JJ[2] qui m'a dit ne plus vouloir recevoir rien par mail. Je suis prêt à donner plus de détails à toi-même, à Bi Yong, aux juristes pour expliquer la façon dont certains paiements sont effectués et pour quels objets. [...]. Notre usine se situe dans une poche qui ne présente pas d'intérêt stratégique, économique ou militaire, qui justifierait une attaque de l'EI. Dans ce contexte, il n'y a pas de raison de craindre pour la sécurité de nos employés. Maintenir une activité de vente et de production permet de fournir emploi et moyens de subsistance à plusieurs centaines de Syriens et à leurs familles dans un pays

1. Bruno Lafont.
2. Il s'agit de l'un des juristes de Lafarge.

en guerre. Si nous suspendons notre activité pendant des mois à venir jusqu'après la réalisation de la fusion, nous serons observés de près lorsque nous chercherons à les relancer et rien ne dit que la zone sera libérée de l'emprise de l'EI ni qu'elle le sera avant des années. » La grenouille, selon la prédiction de Christian Herrault, ne se rend pas compte que l'eau bout et que l'explosion est proche. L'usine est prise d'assaut huit jours plus tard.

Pour les enquêteurs français, la moisson est bonne. Tous ces messages envoyés sur les mails personnels des protagonistes apportent un éclairage précis et clinique des dernières semaines de fonctionnement de l'usine. L'épopée new-yorkaise n'a pas été inutile. Pour leurs collègues américains, elle est une aubaine. Cette collaboration va leur permettre de conclure un accord de plaider-coupable avec le groupe Holcim. Le nouveau propriétaire de Lafarge, averti par Baker McKenzie des risques encourus aux États-Unis pour les entreprises suspectées de fraudes ou de corruption, a rapidement envoyé ses avocats pour négocier avec le DOJ. Les cadres français sont effarés. Pour Christian Herrault, ex-DG adjoint de Lafarge, l'affaire était programmée de longue date et la débâcle syrienne « a été clairement une opportunité pour accélérer la "délafargisation" du groupe ». Selon lui, « Holcim avait dès le début le projet d'entrer en Bourse aux États-Unis et les Suisses se devaient de négocier un deal avec la justice américaine[1] ».

Au sein du conseil d'administration du cimentier helvète, un homme connaît particulièrement bien le processus de plaider-coupable pour l'avoir déjà éprouvé. Il se nomme Patrick Kron, ancien patron d'Alstom, lourdement condamné par ce même DOJ pour des faits de corruption en Thaïlande. Membre du conseil depuis 2017, il a la confiance des actionnaires belges, qu'il connaît depuis de nombreuses années. Il a surtout l'oreille de Paul Desmarais, qui écoute ses avis avec une attention particulière. Au cours de la même période, Keith Carr, un autre ex-Alstom (!), a intégré Holcim en qualité de directeur juridique. Ce dernier prend rapidement en main la gestion de l'affaire syrienne. Passé maître dans l'art de la négociation avec les autorités publiques, il envoie ses émissaires chez les magistrats français, mais trouve surtout une écoute favorable de l'autre côté de l'Atlantique avec les services avec lesquels il a déjà travaillé. Les Suisses rêvent de se débarrasser définitivement de ce boulet français qu'ils traînent depuis des mois. Dès la fin de l'année 2013, ils savaient que l'histoire leur donnerait raison et que leur supériorité s'imposerait avec le

1. Entretien avec les auteurs, le 15 mai 2024.

temps. Pour les Zurichois, ce mariage entre égaux n'était qu'une chimère dont les Français s'enivraient par vanité. Faute d'avoir organisé ce fiasco syrien, comme le croient encore certains Lafarge *boys*, elle leur sert à éliminer les Français plus vite que prévu.

L'accord entre Lafarge SA, en réalité Holcim, est rendu public le 18 octobre 2022. Dix agents de l'administration américaine, du NYPD au FBI, en passant par la *task force* fédérale contre le terrorisme, le DOJ, le *homeland service*, montent à la tribune pour présenter l'affaire à la presse. Dans un cérémonial très cinégénique, ton grave et drapeaux de rigueur. Sur un écran de télévision, la mention « États-Unis versus Lafarge SA » surmonte le logo de l'entreprise encadré par le drapeau noir de Daech et celui du Front al-Nosra. Un brutal résumé visuel des conclusions de la justice américaine.

Ce jour-là, à Brooklyn, les procureurs et les différents services de lutte contre le terrorisme remercient publiquement la France pour son aide ainsi que le Liban et le Maroc. Lafarge et sa filiale syrienne, désormais la propriété de Holcim, reconnaissent leur culpabilité et acceptent de payer la somme de 778 millions de dollars d'amende pour avoir fait du « *business as usual* » avec l'aide de l'EI et du Front al-Nosra entre 2013 et 2014. Les autorités américaines ont évalué le chiffre d'affaires de Jalabiya à quelque 70 millions de dollars grâce aux groupes terroristes. « En pleine guerre civile, Lafarge a fait le choix impensable de verser de l'argent à l'EI, l'une des organisations terroristes les plus barbares au monde, afin de pouvoir continuer à vendre du ciment », sermonne le procureur américain Breon Peace, pour le district est de New York, qui était du voyage parisien. Lisa O. Monaco, la procureure générale adjointe des États-Unis, ancienne conseillère à la sécurité intérieure du président Barack Obama, une des plus grandes spécialistes du terrorisme du pays, inflige également une leçon de morale à Lafarge, mais aussi à Holcim, soulignant le manque de sérieux des *due diligences*, contrôle opéré par les Suisses au moment du rachat. Sur le fond, elle rappelle que c'est la première fois qu'une entreprise est condamnée pour avoir apporté une aide matérielle à un groupe terroriste, plaçant son action dans une expérience personnelle. « Dans mes fonctions, j'ai été témoin de la douleur et de la souffrance inimaginables des familles américaines dont les proches ont été brutalement assassinés par l'EI. À l'été 2014, le monde a assisté avec effroi au meurtre par l'EI de journalistes et de travailleurs humanitaires innocents. Ce même été, Lafarge a conclu des affaires avec l'EI, engrangeant des bénéfices et des parts de marché, et en capitalisant sur la brutalité du groupe. » Holcim, qui s'est officiellement débarrassé de l'encombrant patronyme « Lafarge » le 4 mai 2021, approuve sans discuter toutes les accusations américaines[1]. Une déception de plus pour les anciens de chez Lafarge. Beat Hess, alors président du conseil d'administration, le 29 novembre 2021, avait déjà lâché sans ménagement sa partie française en déclarant devant le juge parisien : « Le conseil d'administration de la société Holcim est extrêmement choqué et outré par les événements qui se sont déroulés en Syrie [...]. Holcim est victime des actes délétères de quelques anciens cadres de Lafarge. Holcim a été trahie. » Les dirigeants suisses ont longtemps esquivé ce rendez-vous avec la justice française, comme s'ils avaient tergiversé sur la position à adopter. Cette audition montre qu'elle s'est affermie avec le temps. L'homme d'affaires n'a pas de mots assez durs pour qualifier l'attitude des Français, Bruno Lafont compris. Il leur reproche d'avoir sali la réputation de quelque 70 000 salariés, d'avoir dissimulé leurs agissements, et précise que Holcim n'était pas là et ne savait rien.

Après de telles déclarations, le clan Lafarge n'a pas été surpris des positions du cimentier suisse.

1. Zoug, 18 octobre 2022, Communication événementielle au sens de l'article 53 du Règlement de cotation de SIX Exchange Regulation.

Le divorce était consommé depuis longtemps. Holcim annonce dans un communiqué approuver le plaider-coupable dans lequel sont reconnus les versements d'argent aux organisations terroristes, l'achat de ciment dans des zones contrôlées par ISIS, la dissimulation dans des mails des activités coupables, la concomitance du « *business as usual* » et de la mort de soldats américains… Mais bien sûr, le message principal de ce texte se résume en une phrase : « Aucun de ces actes n'impliquait Holcim, qui n'a jamais opéré en Syrie, ni aucune activité ou employé de Lafarge aux États-Unis, et cela contraste fortement avec tout ce que représente Holcim. Le DOJ a noté que d'anciens dirigeants de Lafarge SA et de LCS, impliqués dans ces actes, les ont cachés à Holcim avant et après l'acquisition de Lafarge SA par Holcim, ainsi qu'aux auditeurs externes.[1] » Fermez le ban.

À Londres, une avocate ne perd pas un mot du discours de la procureure Monaco. Depuis des mois, elle travaille sur la question des Yézidis, minorité ethnico-religieuse parlant kurde dont le dernier génocide date de 2014, dans la région de Raqqa. Engagée dans la lutte pour les droits de l'Homme, elle est plus connue du grand public pour être l'épouse de l'acteur américain George

1. Communiqué du groupe Holcim, le 18 octobre 2022.

Clooney. Amal Clooney n'en reste pas moins une avocate de renommée internationale dans son domaine. Et elle a Lafarge dans ses radars depuis de longs mois.

19

Clooney contre Lafarge

Le 17 décembre 2023 sur le plateau de GPS, *The Global Public Square*, le programme de podcasts de Fareed Zakaria, éditorialiste du *Washington Post* et spécialiste des relations internationales, diffusé sur le *network* CNN, Amal Clooney lance son offensive contre Lafarge. Elle est enfin prête, un peu plus d'un an après le plaider-coupable de Lafarge qui devait assurer à Holcim la tranquillité sur le continent américain ; la plainte de 300 pages réunit des centaines de victimes.

Nadia Murad, prix Nobel de la paix en 2018, tout juste 30 ans, devenue porte-parole du peuple yézidi massacré par Daech en 2014, est la première d'entre elles. Le village de la jeune femme a été pris d'assaut le 3 août alors que les émissaires de Firas Tlass négociaient, à quelque

500 kilomètres de là, avec l'État islamique pour obtenir la reprise de l'activité de l'usine. Nadia Murad, très droite, le regard fixe, se tient au côté d'Amal Clooney. Fareed Zakaria connaît bien ses deux invitées, qui forment un duo solide depuis plusieurs années pour défendre la cause de cette minorité ethnique du Moyen-Orient, originaire de Mésopotamie et monothéiste. Le journaliste, sensible aux sujets humanitaires, a déjà reçu Nadia Murad lorsqu'elle a publié *The Last Girl*, en 2017. Il s'agit du récit de son destin tragique dans les monts Sinjar. Née dans une famille modeste à Kocho, la capitale des Yézidis en Irak, elle avait 20 ans quand les djihadistes ont exterminé les siens et l'ont réduite à l'état d'esclave sexuelle. Elle doit sa survie à une famille sunnite de Mossoul, dont Daech avait fait sa capitale religieuse, qui lui a donné les papiers de leur fille pour fuir en Allemagne. Désormais activiste politique, elle est installée aux États-Unis, où elle suit des cours de sociologie à l'université alors qu'elle ne connaissait pas l'anglais à son arrivée.

Avant de donner la parole aux deux jeunes femmes, Fareed Zakaria diffuse un sujet résumant l'affaire Lafarge. Il commence par la déclaration, le 7 août 2014, de Barack Obama, alors président des États-Unis, qui annonce à la fois des frappes aériennes ciblées de l'armée américaine en Irak et le largage d'aide humanitaire dans les montagnes des monts Sinjar, au nord-ouest du pays. Il justifie cette intervention en raison de la situation des Yézidis : « Ces derniers jours, des femmes et des hommes et des enfants yézidis de la région de Sinjar ont fui pour sauver leur vie. Des milliers, peut-être des dizaines de milliers, se cachent désormais en haut des montagnes, avec pour tout bagage les vêtements qu'ils portent sur le dos. Ils n'ont ni nourriture ni eau. Les gens meurent de faim. Et les enfants meurent de soif. Pendant ce temps, les forces de l'EIIL ont appelé à la destruction systématique de l'ensemble du peuple yézidi, ce qui constituerait un génocide. » Suivent les images de l'époque montrant la détresse des femmes et des enfants abandonnés à leur sort et l'ombre menaçante d'un combattant de Daech brandissant le drapeau noir du groupe terroriste.

Après ce reportage glaçant, Amal Clooney prend la parole pour exposer les raisons de son action. Une nouvelle fois, l'accusation est infamante pour le cimentier français. L'avocate reproche à Lafarge « d'avoir aidé et encouragé les actes de terrorisme international de l'EI et d'avoir conspiré avec l'EI et ses intermédiaires ». Pour ces faits qu'elle qualifie de « particulièrement choquants », elle demande au groupe de payer des indemnités aux survivants. La personnalité et la qualité d'Amal Clooney sont un mauvais coup pour Lafarge et son propriétaire actuel, Holcim. L'affaire américaine semblait réglée, et en France, l'émotion médiatique retombée. Hormis les demandes d'actes des avocats et les audiences de procédures, le cours de l'instruction s'était considérablement ralenti. Au début du mois de décembre, plusieurs mouvements écologiques avaient bien essayé de raviver la flamme en appelant à quatre journées d'actions contre le cimentier. Mais les manifestations devant les sites du groupe n'étaient pas de nature à perturber la quiétude de Zoug, le canton le plus avantageux de Suisse en matière fiscale où est installé le nouveau siège du groupe Holcim. Le fait d'être cloué au pilori par une star du barreau britannique est autrement plus gênant.

D'origine libanaise, fille d'un homme d'affaires druze et d'une journaliste de renom, s'exprimant aussi bien en arabe, en anglais et même en français, Amal Clooney est reconnue pour son expertise en droit international. Conseillère à la Cour pénale internationale, elle est, pour l'anecdote et comme son nom l'indique, l'épouse de l'un des acteurs les plus célèbres de la planète. Ses clients appartiennent au gotha politique. Parmi eux, l'informaticien australien fondateur de Wikileaks, Julian Assange, ou l'ancienne présidente ukrainienne Ioulia Tymochenko. Et comme les mauvaises nouvelles arrivent en cascade, *Times Magazine* l'a couronnée en 2022 du titre de « femme de l'année ». Très élégante, ses longs cheveux bruns sagement lissés, l'avocate détaille les accusations qu'elle compte porter contre Lafarge d'une voix douce et posée. « Le génocide contre les Yézidis a commencé en Irak, et pendant qu'ISIS le commettait, cette entreprise, qui finançait déjà ISIS depuis un an, a intensifié son soutien. L'invasion des villages a commencé le 3 août 2014. Quelques jours plus tard, Lafarge négociait un nouvel accord avec ISIS, non seulement pour maintenir l'usine en activité, mais aussi pour partager les bénéfices et leur donner une part du gâteau. Ils négociaient les termes de cet accord le 15 août, quand ISIS a attaqué le village de Nadia, quand six de ses frères et sa mère ont été exécutés [...]. L'usine en Syrie se trouvait à seulement 52 miles de Raqqa, qui était le centre d'un commerce d'esclaves [...]. » L'avocate prend soin de féliciter le DOJ (Department of Justice) d'avoir engagé des poursuites novatrices contre le cimentier et obtenu un plaider-coupable. Tout en regrettant que les victimes yézidies n'aient pas obtenu de réparation pour les préjudices subis, notamment pas un seul penny des 778 millions de dollars d'amende infligés à Lafarge. C'est pour corriger cette injustice qu'elle intente une procédure contre la firme dans le district est de New York au nom de Nadia Murad et des autres plaignants, des Yézidis domiciliés pour la plupart dans le Nebraska. Cet État du Midwest a la particularité d'avoir accueilli l'une des plus grandes communautés de la diaspora yézidie. Une aubaine pour Amal Clooney et Nadia Murad, qui cherchaient un biais pour ester en justice contre Lafarge, mais il leur manquait des clients. Il leur fallait des Américains directement victimes. Elles les ont trouvés au cœur des Grandes Plaines, où la communauté s'est enracinée au début des années 1990, après la première guerre en Irak. À l'origine, les réfugiés étaient des traducteurs de l'armée exfiltrés au moment du départ des troupes américaines.

Amal Clooney s'est associée à une autre star du barreau, américaine celle-ci, Lee Scott Wolosky. Cet ancien diplomate a occupé différents postes liés à la sécurité nationale dans les administrations Obama et Biden. Il a en outre fait campagne pour John Kerry. Ce démocrate a participé au processus de fermeture de Guantanamo. Il a rejoint le cabinet Jenner & Block en 2020, qui représente aussi les victimes yézidies (il y a au total près de 800 plaignants !) ; il intente également une action au nom des familles d'une dizaine de soldats américains tués en Syrie et en Irak. Au côté des dossiers Clooney-Jenner & Block, une troisième procédure est en cours au nom du photographe

James Foley et d'autres otages américains assassinés par Daech. Les avocats s'efforcent de démontrer que Lafarge a utilisé délibérément le système bancaire new-yorkais afin de payer les groupes terroristes ou leurs intermédiaires. Pour appuyer leurs dires, ils ont listé « au moins » vingt-trois transactions réalisées en dollars avec, selon eux, une finalité particulière, « à la fois parce que les dollars américains étaient protégés de la dépréciation rapide de la livre syrienne et parce que les transactions internationales effectuées par l'intermédiaire du système bancaire américain masquaient l'objectif et l'intention véritables de leurs transferts[1] ». Il s'agit notamment de paiements versés aux intermédiaires de Lafarge en Syrie, Firas Tlass et Amro Taleb. En mars 2024, ces actions en justice ont fait l'objet d'une « motion de rejet » de la part des conseils de Lafarge, qui ont soulevé l'incompétence du tribunal. Ils estiment que le cimentier français n'avait pas d'activités spécifiques dans l'État de New York et que le fait d'effectuer des transactions en dollars américains est purement « accessoire ». Les avocats des victimes se veulent, eux, « confiants » et évaluent à « plusieurs centaines de milliers de dollars » le montant des réparations qu'ils espèrent percevoir

1. Plainte du 8 janvier 2024 déposée au district est de New York contre Lafarge SA.

si la justice leur donnait raison. Ce serait un nouveau coup dur pour le cimentier suisse, qui tente de se racheter une virginité aux États-Unis.

En janvier 2024, les Suisses ont en effet annoncé la future autonomie de leurs activités nord-américaines et leur introduction en Bourse à New York. La bonne santé de l'économie locale et les programmes d'investissement de plusieurs milliards de dollars du gouvernement sont à l'origine de cette décision : « Ils entraîneront des dépenses sans précédent pour l'industrie du bâtiment au cours des huit à dix prochaines années », a déclaré Jan Jenisch, président du conseil d'administration. Selon lui, la scission est nécessaire pour exploiter pleinement le potentiel et prendre son envol[1]. Lors d'une conférence de presse à Zurich, il a expliqué que le groupe avait réalisé « vingt-huit acquisitions [après de nombreuses cessions dans le reste du monde, NDLR] incluant la reprise pour près de 1,3 milliard de dollars de l'américain Duro-Last, qui a permis de renforcer l'activité de toiture aux États-Unis ». En ce début d'année 2024, les nouvelles plaintes américaines sont plus symboliques que réellement menaçantes. « Une expédition de pêche au gros », s'insurgent les avocats de Lafarge aux États-Unis. En matière judiciaire, il faut trouver un lien direct

1. Dépêche de Suissinfo.ch du 28 février 2024.

entre la victime et l'auteur des faits. Pour l'instant, il n'est pas établi. Mais ces procédures empêchent Holcim de réaliser son rêve et de se débarrasser définitivement de Lafarge hors des frontières françaises.

20

Un enterrement, deux dépouilles

Cinq ans plus tôt…

Bien avant 10 h 30, l'heure de la messe donnée en l'honneur de Bertrand Collomb le 12 juin 2019, la cathédrale Saint-Louis-des-Invalides déborde de monde et d'émotion. Bernard Grangé, un ancien financier du groupe Lafarge, a le tort d'habiter trop près du Champ-de-Mars et d'être parti trop tard. Il doit se frayer un chemin dans les travées pour trouver une place. Dans l'assemblée, il reconnaît les visages de ses collègues, pour la plupart à la retraite. Le chauffeur du défunt, sa fidèle assistante, son épouse, Caroline, les enfants au premier rang, des secrétaires de l'Académie des sciences morales et politiques, où il siégeait, d'anciens patrons sont également venus saluer la mémoire du grand homme. Les plus nombreux ont travaillé sous ses ordres chez Lafarge, au temps où leur entreprise était une fierté nationale. L'homme a présidé aux destinées du cimentier de 1989 à 2003, avant de devenir administrateur de Lafarge puis de LafargeHolcim ; il a assisté, impuissant, à la chute d'un groupe qu'il avait développé. Ses collaborateurs pleurent aujourd'hui deux disparitions, celle d'un patron respecté, terrassé le 23 mai 2019 à 78 ans par le cancer qui le rongeait depuis de longs mois, et celle de Lafarge, en mort cérébrale depuis deux ans.

Ces carrières réussies en France et à l'international ont été coulées dans la honte du scandale syrien. Pour le monde entier désormais, les Lafargiens appartiennent au groupe qui a financé Daech par appât du gain, une entreprise poursuivie de complicité de crime contre l'humanité. Le produit de l'horreur capitaliste. Ce portrait de l'entreprise brossé par les journaux leur paraît totalement contre nature. Le dirigeant à qui ils adressent leurs prières aujourd'hui professait des idées tout à fait opposées, héritier revendiqué du catholicisme social. Dans la lettre à un dirigeant de filiale qu'il avait écrite pour les *top managers* de Lafarge, il leur demandait de placer l'homme au centre de toute décision, de renoncer à un licenciement si celui-ci devait briser un individu. Dès leur entrée dans le groupe, il y a plusieurs dizaines d'années, ces cadres ont été biberonnés aux principes d'action chers à Olivier Lecerf, le prédécesseur de Bertrand Collomb. Ces versets de la bible maison avaient été rappelés dans cinq chartes éthiques entre 1978 et 2003. Ils avaient été puisés dans l'héritage de Marcel Demonque, PDG de l'entreprise entre 1959 et 1974. Une longue tradition. La plupart des hommes de l'assistance partagent les valeurs catholiques des dirigeants. Un certificat de baptême n'a jamais été requis pour entrer chez Lafarge, mais il fallait néanmoins en épouser le corpus idéologique. La bonne parole prêchée depuis la Rue des Belles-Feuilles était transmise dans l'ensemble des pays Lafarge comme des bulles papales. À l'issue de sa longue carrière, Olivier Lecerf est devenu le conseiller du cardinal de Paris, Mgr Lustiger. Bertrand Collomb incarne l'esprit de l'entreprise, son âme et sa formidable réussite.

Fils et petit-fils de polytechniciens, X lui-même, il était le héros des cadres venus saluer sa mémoire aujourd'hui. Entré chez Lafarge en 1975, à 33 ans, ce Lyonnais amoureux des États-Unis a largement participé à l'internationalisation de la firme. Son physique de star hollywoodienne à la Cary Grant n'était pas étranger à son prestige. Avec sa femme, Caroline, ils formaient un couple élégant et mondain, partageant leur vie entre le ranch américain de Virginie et la propriété de Chantilly. Chaque année, ils recevaient à dîner chez eux entre vingt et vingt-cinq jeunes talents du groupe. Ces « hauts potentiels » devaient se pincer en quittant la soirée pour être sûrs de n'avoir pas rêvé l'événement. Ils avaient bien partagé la table du *big boss* chez lui et conversé avec son épouse, une maîtresse de maison accomplie. Le cursus domestique se terminait par un grand dîner organisé chez les Collomb. Le couple conviait parfois les membres du comité exécutif à une réception privée, et Caroline Collomb, ancienne cavalière de l'équipe de France de dressage, ponctuait la journée par une démonstration sur la piste du château de Chantilly. Pour filer la métaphore américaine, les Collomb avaient pour la famille Lafarge l'attrait de Kennedy français. Une légende. Dans les travées de l'église, ils sont nombreux à penser que les déboires de l'entreprise ont annihilé les forces dont Bertrand Collomb aurait eu besoin pour combattre sa maladie. Il avait confié à certains se sentir coupable d'avoir participé sans le vouloir à la disparition du pavillon Lafarge. Trop d'ambitions, d'acquisitions onéreuses, comme les britanniques Redland, en 1997, et Blue Circle, en 2001, qui n'ont pas donné les résultats escomptés, avaient fragilisé le groupe et l'avaient mis dans les mains d'actionnaires bien éloignés des principes moraux de la maison.

Jean-Marie Schmitz, ancien DRH à qui Caroline Collomb a demandé de prendre la parole au nom des Lafargiens, avait déjà participé à une cérémonie plus familiale à Vézelay, où Bertrand Collomb a été inhumé. Pour cet éloge public, il résume ainsi la pensée de son ami, « loin d'un relativisme culturel qui n'oserait plus proclamer ses principes, disais-tu, nous faisons de nos valeurs la base commune de l'identité de l'entreprise ». Schmitz, un homme massif et traditionnellement prolixe, ne parvient pas à masquer son émotion. Son discours est à la fois une déclaration d'amour à un être cher et un réquisitoire contre ceux qu'il tient pour responsables des malheurs de Lafarge, les actionnaires. Il résonne juste pour son auditoire. Schmitz est un homme influent dans le réseau des anciens de chez Lafarge, même si on se moque volontiers de son côté catho tradi. Lors des recrutements, il avait l'habitude de demander combien le postulant avait d'enfants. « À une époque où s'imposait l'injonction de Milton Friedman aux dirigeants d'entreprise d'avoir pour seule préoccupation de maximiser la rentabilité de leurs profits », se remémore Schmitz lorsqu'il prend la parole. « Bertrand, tu as su t'opposer à ce que tu appelais leur "déification" et rappeler qu'il était "possible de poursuivre l'excellence des performances [...] sans négliger l'intérêt général". » Tout ça pour ça.

Bruno Lafont, le successeur de Bertrand Collomb, fait une entrée discrète dans la cathédrale. Il croise

Pierre Pavin de Lafarge[1], le dernier descendant des fondateurs à avoir siégé au conseil d'administration. Celui-ci s'était promis de ne pas serrer la main de Bruno Lafont, car il partage l'hostilité générale à l'égard de ce dernier. Il vit désormais à Viviers, dans une propriété de famille, mais il a fait toute sa carrière dans l'entreprise. Même si les Lafarge n'étaient plus propriétaires du groupe depuis longtemps, ils en étaient toujours restés administrateurs. Bertrand Collomb y tenait. Comme ses anciens collègues, il reproche à Lafont d'avoir précipité la chute du groupe. En 2006, lorsque Bertrand Collomb lui passe le flambeau, le cimentier totalise 13,7 milliards de revenus, une capitalisation boursière de 17 milliards d'euros, et emploie 83 000 personnes dans 75 pays. Il s'est hissé en tête des fleurons industriels français, l'un des trois champions des matériaux de construction, derrière Saint-Gobain et Arcelor.

Mais le contentieux le plus lourd reste celui d'avoir abandonné son équipe en rase campagne. Sans compter les copieuses indemnités de départ que lui a accordées le conseil d'administration au moment de son transfert à la coprésidence de LafargeHolcim : 5,9 millions d'euros, une rémunération exceptionnelle de 2,5 millions d'euros, des primes, des actions et une retraite de 620 000 euros par an. En réalité, le prix pour avoir

1. Rencontre avec l'un des auteurs le 14 octobre 2024.

été écarté de la fusion au dernier moment par les Suisses. Si Lafont avait rué dans les brancards, celle-ci aurait peut-être été menacée. Ce que redoutaient plus que tous les grands actionnaires de GBL. On moque aussi sa folie des grandeurs, son duplex avenue Victor Hugo avec piscine intérieure. Dans l'église, en chaire, Mgr de Romanet, l'évêque aux armées qui dirige la cérémonie, un cousin de Bruno Lafont, invite à la prière et au pardon.

Épilogue

36.5543 N 38.5893 E. Depuis plus de dix ans, je suis un point GPS perdu au milieu du désert. La filiale de Lafarge qui me détenait et m'exploitait – Lafarge Cement Syria – a été dissoute. Le nouveau groupe Holcim ne veut plus entendre parler de moi. Depuis 2014, je suis un fantôme sans vie, une usine sans activité. Autour de moi, des combats fréquents entre les Kurdes, qui contrôlent la zone, et l'armée syrienne jusqu'à la chute de Bachar al-Assad et des forces pro-turques. Une zone qui n'a cessé d'être la proie de convoitises. Entre deux volutes de fumée, j'ai encore fière allure, même si je ne suis plus que l'ombre de moi-même. Les habitants de la région me prennent en photo régulièrement. Comme un vague souvenir d'une époque où tout était possible. Le meilleur comme le pire. Le pire, surtout.

Le 19 septembre 2014, les hommes de l'État islamique, juchés sur des 4×4 et armés de kalachnikovs, m'ont prise d'assaut. Sans tirer un coup de feu. Les « fous de Dieu » – bras levés, keffieh sur la tête, sourire triomphant, sabre brandi – ont célébré leur conquête sur les réseaux sociaux. Pendant six mois, depuis mes silos qui culminent à près de 100 mètres, ils ont pu guetter l'ennemi à des kilomètres à la ronde. À Paris, mes dirigeants se sont démenés pour me sauver. Ils ont communiqué mes coordonnées géographiques à la Direction du renseignement militaire (DRM), qui les a transmises à la coalition internationale anti-Daech pour qu'elle ne me bombarde pas. J'avais coûté 700 millions d'euros. J'étais un outil perfectionné, moderne. Il fallait que je reste debout. À part quelques frappes aériennes, d'origine indéterminée, j'ai été en partie épargnée.

Pendant l'occupation, les djihadistes ont tenté de me remettre en fonction. Ils avaient besoin de ciment pour reconstruire Mossoul et Raqqa. Mais aussi de compétences techniques qu'ils n'avaient pas. La direction a d'abord prétendu que tout était piloté depuis le siège à Paris et que rien ne pouvait être exécuté localement. Daech a finalement réussi à convaincre quelques employés de Lafarge de confier les codes d'accès et les mots de passe pour redémarrer les générateurs électriques. Ils auraient reçu plus de 5 000 dollars pour contrevenir aux ordres de la maison, qui leur avait interdit de retourner au travail (mais en garantissant leur salaire). En bon gestionnaire, le groupe État islamique a nommé un « directeur » de l'usine, un Marocain, Naufal Zahri, alias Abu Aisha, 31 ans, dont une partie de la famille vit en Belgique[1]. Il s'est chargé d'écouler les 20 000 tonnes de ciment qui se trouvaient encore dans mes silos. Ils ont été revendus à un marchand peu scrupuleux qui embarquait tous les jours des centaines de sacs Lafarge soigneusement empaquetés. Cette opération aurait rapporté un million de dollars au califat. Autour de Naufal Zahri – qui recevait un salaire de 360 dollars par mois de Daech –, une équipe de management « international ». À l'ombre des broyeurs, j'ai aperçu toutes les nationalités : des hommes venus du Soudan, Danemark, Tunisie, Irak... Avant d'arriver en Syrie, Naufal Zahri gérait une société de vente de pièces hydrauliques pour des camions à Tétouan (Maroc). Au déclenchement des « Printemps arabes », il a été séduit, comme des milliers d'autres apprentis djihadistes, par la perspective de faire tomber un dictateur (Bachar al-Assad) et de construire un État islamiquement pur. Au sein du califat, il a appris à manier une kalachnikov,

1. Naufal Zahri a été condamné à cinq ans de prison pour terrorisme au Maroc.

fait venir sa femme, ses enfants, en a épousé d'autres religieusement. Au cours de ses pérégrinations, il assure avoir rencontré l'un des membres du commando du Bataclan et croisé un Français d'origine marocaine qui aurait été nommé en 2016 chef de la sécurité extérieure de Daech[1]. Le Daechistan est petit.

L'occupation n'a eu qu'un temps. Le 14 avril 2015, les forces kurdes du YPG[2], appuyées par des frappes aériennes alliées, ont repris possession des lieux. Cette contre-offensive les a amenées jusqu'au nord de Raqqa, la capitale de l'État islamique. Avant d'être chassé, Daech m'a sabotée. L'ordre aurait été donné directement par Abou Bakr al-Baghdadi, le numéro 1 du califat. Les turbines de la centrale électrique ont été saccagées ; les locaux minés. Les djihadistes ont emporté des pièces de rechange qu'ils ont essayé de revendre… à Lafarge. Il était à l'époque encore question de me redémarrer. En effet, ma maison mère était en train de fusionner avec le géant suisse Holcim. Il ne fallait pas que je déprécie la valeur du groupe, en tout cas le moins possible. Le coût de ma remise en état a été estimé à 50 millions d'euros.

1. Audition de Naufal Zahri le 14 mai 2018 par la brigade antiterroriste marocaine.

2. Proche du PKK turc, le YPG est le bras armé du PYD, parti kurde de l'Union démocratique.

Trop cher. Lafarge a cherché des co-investisseurs. En vain.

En septembre 2015, le nouveau patron du site, Frédéric Jolibois, qui n'a jamais mis un pied en Syrie, a annoncé la fermeture. Une partie des employés a été recasée dans le groupe, d'autres ont été indemnisés. Lafarge a octroyé une enveloppe d'un million d'euros à cet effet. Certains employés auraient accueilli la fin de l'aventure avec des larmes. D'autres sont aujourd'hui vent debout contre leur ancien employeur. La fin d'un monde.

En décembre 2015, un occupant plus inattendu a poussé les grilles de l'entrée. Les forces spéciales américaines ! Sur le parking, ballet d'hélicoptères et entreposage de drones et de munitions... Les militaires français ont débarqué à leur tour quelques semaines plus tard et découvert que les Américains étaient là avant eux. Toujours un temps de retard. Lafarge a communiqué des informations précises sur le circuit d'eau, les alimentations en carburant, la présence de produits dangereux, etc., afin de permettre aux forces spéciales de prendre possession des lieux. Je suis devenue ainsi l'un des principaux centres d'opération de contre-terrorisme contre Daech en Syrie : raids aériens, centre de renseignement, base d'entraînement pour l'Armée syrienne libre (ASL), dont les soldats se confondent avec les GI américains (ils portent parfois les mêmes uniformes). En avril 2016, mon propriétaire a commencé à voir rouge. Il ne pouvait plus avoir accès à son propre site. Cruel renversement du destin : lui qui avait tout fait pour rester sur la zone a été bouté hors de sa propre usine.

Aujourd'hui, tout le monde a envie de m'oublier. Pour le groupe Holcim, je suis un cauchemar éveillé. Le symbole d'un potentiel crime contre l'humanité. Au cœur du scandale, des hommes ordinaires, obéissant (inconsciemment ou non) à la logique d'une entreprise qui devait fonctionner coûte que coûte. Ils n'ont pas compris, pas vu, n'ont pas voulu mal faire. Ils attendaient un ordre d'un supérieur hiérarchique qui attendait lui-même un signe, une information d'un autre qui, lui-même, n'avait pas de pouvoir de décision. La dilution des responsabilités. Celle aussi du choix. Partir ou rester ? D'autres auraient-ils agi de la même manière ? N'est-ce pas là l'expression de la banalité du mal ? Un constat cruel pour ma maison mère, qui a longtemps revendiqué un subtil équilibre entre foi et business, homme et progrès. Est-ce le dérapage d'une « poignée d'individus irresponsables » qui jettent l'opprobre sur « 70 000 personnes honnêtes[1] » – comme se

1. Audition de Beat Hess, président du conseil d'administration de Holcim, 29 novembre 2021.

plaisent à le répéter les nouveaux propriétaires suisses – ou le résultat d'un système, d'une culture d'entreprise, d'un cynisme moderne qui a pour credo la foi du business ?

Excipit

Plus de dix ans après l'arrêt de l'usine syrienne de Jalabiya, les juges d'instruction ont rendu le 16 octobre 2024 leur ordonnance de renvoi. Le dossier comprend une trentaine de tomes, soit plus de 3 000 pièces. Huit cadres de Lafarge ou intermédiaires seront jugés par le tribunal correctionnel de Paris. Bruno Lafont, PDG, Christian Herrault, directeur général adjoint, Bruno Pescheux et Frédéric Jolibois, responsables de la filiale syrienne Lafarge Cement Syria, Jacob Waerness et Ahmad Al Jaloudi, gestionnaires sûreté de LCS, ainsi que Firas Tlass et Amro Taleb. Les charges retenues contre eux : « financement d'entreprises terroristes » et « non-respect des sanctions financières internationales[1] ». La société

1. Cette dernière infraction ne vise que les quatre premières personnes citées.

Lafarge SA est, elle, poursuivie en tant que personne morale pour les mêmes chefs d'accusation.

Jean-Claude Veillard, responsable sûreté, a, lui, bénéficié d'un non-lieu. Les juges ont considéré que son titre de responsable sûreté « ne lui conférait pas *de facto* une responsabilité dans les agissements du groupe, et le fait de ne pas avoir formalisé ses intentions à quitter la Syrie ou à refuser tout paiement aux entités terroristes ne peut constituer un acte positif de conseils en vue de fournir des fonds à des entités classées comme terroristes ». Éric Olsen, ex-DRH franco-américain du groupe, un temps poursuivi pour « mise en danger de la vie d'autrui » et « financement du terrorisme », a été « démis » en examen par la juge d'instruction en mars 2019. Le courrier de la magistrate lui offre une véritable réhabilitation judiciaire : « Les éléments déclassifiés du ministère de l'Intérieur tendaient à confirmer les déclarations de l'intéressé selon lesquelles il aurait fait l'objet d'une campagne de désinformation interne en tant que citoyen américain et dirigeant, et invitaient à une lecture prudente des conclusions de l'enquête interne au cours de laquelle son successeur n'avait étonnamment pas été entendu. »

Les prévenus – placés sous contrôle judiciaire – ont un casier vierge. Tous ont quitté Lafarge (ou n'ont pas vu leur contrat renouvelé) après avoir, pour certains, perçu de solides indemnités, à l'instar de Bruno Lafont. Les magistrats en ont cependant saisi une partie, 2,475 millions à titre conservatoire afin de garantir l'exécution d'une peine complémentaire de confiscation de biens dans l'éventualité de condamnations futures[1]. Frédéric Jolibois a repris une activité professionnelle de consultant, tout comme Jacob Waerness et Amro Taleb. Les autres sont à la retraite. Firas Tlass vit aux Émirats arabes unis, où il continue à gérer ses affaires. Il reste sous le coup d'un mandat d'arrêt international. Le procès devrait avoir lieu à partir du 4 novembre 2025 pour six semaines[2]. De nombreuses parties civiles, déclarées irrecevables pendant l'instruction, pourraient se présenter à l'audience pour demander des réparations.

Dans leurs conclusions, les juges estiment à plus de 3 millions d'euros l'argent versé par Lafarge aux groupes terroristes (Jabhat al-Nosra ou État islamique[3]) et à 1,9 million le montant ayant bénéficié

---

1. Christian Herrault, Bruno Pescheux et Frédéric Jolibois ont vu également une partie de leurs indemnités saisies.

2. L'ensemble des intéressés, y compris Lafarge SA, bénéficie de la présomption d'innocence et conteste avoir commis des infractions. Ils affirment, pour certains, ne pas avoir eu accès aux informations, et pour d'autres, qu'il s'agit d'un racket dont ils ont été victimes. Le rôle de l'État français est également largement questionné.

3. Ce chiffre prend en compte les « paiements de sécurité » versés aux intermédiaires négociant avec ces groupes terroristes ainsi

à des fournisseurs du cimentier[1] liés au groupe État islamique. Soit un total d'environ 5 millions d'euros. Une estimation en deçà de celle avancée initialement dans le rapport du cabinet d'audit PricewaterhouseCoopers (PwC), commandé par LafargeHolcim, qui avait chiffré à plus de 15 millions de dollars (soit 14 424 112 euros) les sommes versées à des groupes terroristes. Les conseils des mis en examen contestent l'exactitude de ces chiffres, dont ils estiment qu'ils ont été gonflés artificiellement ou faussement. Les avocats de Bruno Lafont affirment ainsi que les fonds versés aux intermédiaires (Tlass et Taleb) ont surtout bénéficié à eux-mêmes et aucunement à des djihadistes, et que nombre de « paiements de sécurité » (pour permettre les passages aux checkpoints) ont eu pour destinataires des « organisations rebelles non listées comme terroristes ». Les avocats de la défense admettent un montant final d'environ 500 000 dollars.

La question de l'intention (du délit) se posera enfin. Dans l'ordonnance de renvoi, les juges rejettent l'idée que les dirigeants aient « cédé à une économie de racket » et n'aient eu d'autre choix

que la réduction des prix accordés aux clients de LCS afin de compenser leur taxation par l'État islamique.

1. Il s'agit de fournisseurs de matières premières, comme le fuel, le sable et la pouzzolane, qui étaient implantés à Raqqa.

que de maintenir l'activité de l'usine pour « garantir la sécurité des employés ». Selon les magistrats, ils ont conservé leur « autonomie décisionnelle » et auraient pu (ou dû) arrêter la cimenterie, « notamment au moment où ils ont pris connaissance des exigences financières des entités terroristes ». De la même manière, ils ne retiennent pas l'argument selon lequel les mis en cause n'avaient eu aucune conscience de la destination finale des fonds versés : « Absolument aucun des mis en examen n'est suspecté d'avoir eu la moindre sympathie pour les causes défendues par ces organisations ou spécifiquement souhaité soutenir leurs objectifs, et plusieurs d'entre eux ont laissé des traces écrites de leur hostilité personnelle à leur encontre ou de leur volonté de transmettre parallèlement des renseignements aux autorités sur ce qu'ils ont pu percevoir de leurs actions. Mais en vertu d'une jurisprudence constante, le mobile, ici strictement économique, de l'infraction, ne doit pas être confondu avec l'intention, à savoir la conscience de contribuer au financement d'entités terroristes [...]. L'ensemble des mis en examen ont, dans une logique de recherche de profits pour l'entité économique qu'ils servaient, ou pour certains de profit personnel direct, organisé, validé, facilité ou mis en œuvre une politique supposant de faire parvenir un financement aux organisations terroristes implantées autour de la cimenterie. » L'intention importe peu à partir du moment où l'infraction – le financement du terrorisme – est démontrée. Techniquement. Juridiquement.

Le groupe LafargeHolcim issu de la fusion « entre égaux » a, lui, disparu en 2021 pour ne plus s'appeler que Holcim. Il a quitté la Bourse de Paris en 2022. Les actionnaires GBL et la famille Sawiris se sont éclipsés. En 2024, Holcim a scindé ses activités boursières entre la Suisse et la place de New York pour sa branche nord-américaine.

La mise en examen de Lafarge SA pour « complicité de crimes contre l'humanité » a été définitivement confirmée le 16 janvier 2024 dans le cadre d'une procédure distincte[1]. Cette société n'est plus qu'une coquille vide ou presque. Sa seule raison d'être semble d'affronter les différentes épreuves judiciaires qui l'attendent, notamment un éventuel procès pour « complicité de crimes contre l'humanité », qui serait une première mondiale.

1. La Cour de cassation a annulé la mise en examen de Lafarge pour « mise en danger de la vie d'autrui ».

Remerciements

Cet ouvrage n'aurait pas vu le jour sans la confiance de nos éditeurs, Manuel Carcassonne, Sandra Monroy et Sylvie Delassus, qui nous ont accompagnés tout au long de ce projet.

Les auteurs remercient également les protagonistes et témoins de cette affaire qui ont accepté de livrer leur éclairage et leur part de vérité. Certains ont souhaité rester anonymes.

Merci également aux conseils des différentes parties de cette affaire judiciaire, Mes William Bourdon, Sébastien Schapira, Noémie Saidi-Cottier, Jean Reinhart, Aurélia Grignon, Solange Doumic, Pierre Cornut-Gentille, Stéphane Bonifassi, Mario-Pierre Stasi et Quentin de Margerie.

Bibliographie

Antoine Mariotti, *La Honte de l'Occident. Les coulisses du fiasco syrien*, Tallandier, 2021

Christian Chesnot, Georges Malbrunot, *Les Chemins de Damas. Le dossier noir de la relation franco-syrienne*, Robert Laffont, 2014

Sophie Coignard, *Les Faux Jetons. Dans les secrets des conseils d'administration*, Fayard, 2019

Olivier Lecerf, *Au risque de gagner. Le métier de dirigeant, entretiens avec Philippe de Woot et Jacques Barraux*, Éditions de Fallois, 1991

Léon Dubois, *Lafarge-Coppée. 150 ans d'industrie*, Belfond, 1988

Denis Fabre, *La Chute de Lafarge*, édition privée et limitée, 2020

Frédéric Pierucci, *Le Piège américain*, JC Lattès, 2019

Des mêmes auteurs

Sexus diabolicus. La revanche des femmes ?, Albin Michel, 2023

Descente aux Enfers. Vie et mort de la SNCF, Fayard, 2019

Paris-Alger. Une histoire passionnelle, Stock, 2015

L'Argent des politiques, Albin Michel, 2009

Christophe Dubois

L'Affaire Alexia Daval. La vraie histoire, 2022, Michel Lafon, avec Laurent Briot

Où sont passés nos espions ?, 2017, Albin Michel, avec Éric Pelletier

Circus politicus, Albin Michel, 2012, avec Christophe Deloire

Sexus politicus, Albin Michel, 2006, avec Christophe Deloire

Les islamistes sont déjà là, Albin Michel, 2004, avec Christophe Deloire

L'Enquête sabotée, Albin Michel, 2003, avec Christophe Deloire

Marie-Christine Tabet

Grâce à Dieu, c'est prescrit, 2017, Robert Laffont

L'État voyou, Albin Michel, 2014, avec Caroline Brun

EDF. Un scandale français, Robert Laffont, 2004, avec Laurence de Charette

Cet ouvrage a été composé
par PCA
et achevé d'imprimer en février 2025
par l'Imprimerie Floch à Mayenne
pour le compte des Éditions Stock
21, rue du Montparnasse, 75006 Paris
stock@editions-stock.fr

PAPIER CERTIFIÉ

Stock s'engage pour l'environnement en réduisant l'empreinte carbone de ses livres. Celle de cet exemplaire est de :
500 g éq. CO_2
Rendez-vous sur www.editions-stock-durable.fr

Imprimé en France

Dépôt légal : février 2025
N° d'édition : 01 – N° d'impression : 106386
72-07-1129/0